Sarah A.

AU JARDIN DE MES MOTS

Sarah A.

AU JARDIN DE MES MOTS

Poèmes

LA MÉRIDIANA

© 2024 Sarah A.
Illustration de la couverture : *Secret garden*, Derek Murray (Pixabay)

Conception et réalisation :
Votre Plume 83,
Pascal Delugeau, Écrivain-Conseil® à Draguignan.

Édition : BoD · Books on Demand, 31 avenue Saint-Rémy, 57600 Forbach, bod@bod.fr
Impression : Libri Plureos GmbH, Friedensallee 273, 22763 Hamburg (Allemagne)
ISBN : 978-2-3225-7406-3
Dépôt légal : février 2025

Le Code de la propriété intellectuelle interdit les copies ou les reproductions destinées à une utilisation collective. Toute représentation ou reproduction intégrale ou partielle faite par quelque procédé que ce soit, sans le consentement de l'auteur ou de ses ayants cause, est illicite et constitue une contrefaçon, aux termes des articles L.335-2 et suivants du Code de la propriété intellectuelle.

À mon professeur de français,
Nicole Moisant.

Boèmes

DE PROFUNDIS !!! DE PROFONDIS !!!

Les tristes soirs, au noir,
Dans les griffes du cafard,
Ces chaînes de désespoir
Étreignent mon miroir.

L'obscurité est de glace
Dans ce monde où s'effacent
Ces cent pas que je chasse
Et mon ombre qui trépasse.

De Profundis !!! De Profondis !!!
Ma tête pivote
Comme une idée fixe…

Pareil à la Lune,
Elle tourne sur elle-même ;
Gravite autour de la Terre
Sous quelques abysses nocturnes.

J'vois pas le Soleil
Loin sont les stèles
J'bois pas d'éther
Mais j'ai le caillou qu'exagère.

De Profundis !!! De Profondis !!!
Ma tête tourne
Comme une toupie…

Mais fuir mon ombre
Ces crépuscules d'Hiver
Où se fanent des mystères
« Au Bois des Limbes »…

De Profundis !!! De Profondis !!!
Une lubie excessive
Dans un précipice explosif…

De Profundis !!! De Profondis !!!
Un esprit corrosif
Dans un ballet apocryphe…

HEURTE-MOI

Refrain 1 :
Heurte-moi ! Heurte-moi !
Ravive la confiance d'autrefois
Heurte-moi ! Enflamme-moi !
Brûle mes peurs et mes joies ;
Heurte-moi ! Bouscule l'émoi !
Ressuscite d'entre les morts ma foi.

Couplet 1 :
Pour ne plus être blessée,
J'ai fermé mes volets,
Isolé mes fêlures
Tel un ours qui lèche ses blessures.

Couplet 2 :
Pour ne plus être froissée
Au silence, me suis confessée.
J'ai cloîtré mes brisures
Au sec, pour sécher mes brûlures.

Refrain 1 :
Heurte-moi ! Heurte-moi !
Ravive la confiance d'autrefois
Heurte-moi ! Enflamme-moi !
Brûle mes peurs et mes joies ;
Heurte-moi ! Bouscule l'émoi !
Ressuscite d'entre les morts ma foi.

Couplet 3 :
À force de froidures,
De temps au cyanure
Tant d'écorchures, de morsures,
De cicatrices qui suturent…

Couplet 4 :
J'avais oublié que même en cendres
Un Phoenix se relève
Qu'une chandelle vacillante
Au souffle se révèle.

Refrain 1 :
Heurte-moi ! Heurte-moi !
Ravive la confiance d'autrefois
Heurte-moi ! Enflamme-moi !
Brûle mes peurs et mes joies ;
Heurte-moi ! Bouscule l'émoi !
Ressuscite d'entre les morts ma foi.

Refrain 2 :
Heurte-moi ! Habille-moi !
Élégante la marionnette
Qui s'éprend de moi…
Heurte-moi ! Transforme-moi !
Rallume mes heurs et mes joies
Heurte-moi ! Transcende-moi !
Réveille en moi « l'estime de soi ».

Mes enchantements

J'aime faire le tour du Monde dans mes rêves
Chevauchant ma Licorne, je sors de l'ordinaire ;
Petite Elfe gravite vers « Enchantement »
Au cœur de l'inaltérable lumière !!!

Le vent m'emporte dans une valse imaginaire
Et je fais de mon Monde un manège
Comme un livre que je feuillette à l'envers
J'use avec malice de bien de sortilèges.

Chaussée de mes bottes de sept lieues
Gravissant les montagnes une à une
Je pars à la conquête d'un caillou heureux
Pour me sentir plus légère qu'une plume.

Sous un chêne millénaire,
J'ai vu le Crépuscule s'habiller à la Brune
Le Soleil se dévêtir sous la Brume
La Lune sauter à saute étoiles
Notre Milady Bleue tourner en carré
Dans un firmament tout doré…

Assise sur une balancelle en forme de noix
J'ai vu des Lutins excentriques sortir de terre,
J'ai vu la « Vénus d'Ille » se promener au Bois du Roi
Au bras d'une Nymphe qui parlait en vers…

C'était en plein hiver quand il fait bien froid,
J'ai vu une Fée sortir d'un arbre les ailes pleines de bijoux
Une Sorcière offrir son âme à un Prince trop charmant
Le Petit Chaperon Rouge se balader avec Sir Loup
Tandis qu'un éternel Phoenix renaissait sous le houx blanc…

Trônant sur mon nuage ombelle
J'ai vu un arc-en-ciel illuminer ma pensée
Un Dragon fou amoureux allumer l'Aurore un matin
La Lune enlever dans la foulée son masque poudré
Alors qu'à la harpe joue un bataillon de Lilliputiens…

Sur le dos de mon Pégase précieux
Je m'empresse de prendre des chemins de traverse
Ses ailes me font batifoler au sein de tous les cieux
Quand une pluie de rosée tombe en averse :
Fragrance vaporeuse d'une douche florale…

J'aime faire le Tour du Monde dans mes rêves
Monter dans ma montgolfière et mettre les voiles
Pour une virée à l'écart de toutes guerres
Et filer pour terminer la tête dans les étoiles…

NOSTALGIES D'AUTOMNE

La brume douce de l'Automne
Souffle sur les feuilles de pourpre,
Un vol d'oiseaux tourbillonne
Dans un matin laiteux d'octobre.

Le vent frais de l'Automne
Soupire en un long gémissement
Et balaye tout en délicatesse
La Nature de son habit flamboyant.

Un enfant dans la cour de récré,
Les poches pleines de billes,
Regarde, ému, l'immense ballet
Des feuilles qui dansent et vacillent.

Quand frissonne le calme horizon,
La profonde forêt s'embrase
Brûlant sa robe de roux et d'or
Où nichent à ses pieds des champignons.

L'Automne chasse l'ardeur de l'été
Le ciel verse, goutte à goutte,
Dans les clairières son émoi contrarié
À la faveur du brouillard humide.

Le vent d'antan, de son archet
Joue sa complainte désenchantée,
Effilochant la toilette embaumée
Des arbres s'effeuillant à la nudité.

Dans la profondeur des pénombres,
Les froides ténèbres s'avancent ;
Les arbres tels des squelettes
Élancent leurs doigts vers le ciel.

Novembre de son air mouillé et grisé
Semble courtiser l'hiver glacé
Faisant danser sur le sol jonché
La langueur des feuilles rouillées.

AU JARDIN DES DÉLICES

Dans mon jardin secret
En voûtes ombragées
L'Été s'est installé
En joyeuse arrivée.

Rondes des champs
Danse des paysans
Farandole des vents
Ritournelle d'enfants

C'est Juillet
Qui fait des claquettes
Dans un champ
De mille pâquerettes

Un papillon
Chante à tue-tête
Dans un ciel
Tout en fête

Un oiseau sautille
Dans un pré, et
À la source
Puise l'eau des secrets

Au fond d'un verger
Éclatent des fleurs
Artifice de couleurs
Qui parfume le nez

Près d'une fontaine
Une statue de pierre
Immobile et sereine
S'unit au lierre

Sous un ciel radieux
L'Été cavale
Impétueux et heureux
Dans la verte campagne

Au Jardin des Délices
Mon cœur cabriole
Sous les herbes folles
Où frétillent à mon nez
Les fragrances de l'été.

Au Jardin des Délices,
Mon âme fantaisiste
S'élance et s'immisce
Dans un verger gorgé
De fruits sous la Rosée.

BILLET À DEMI DÉVOILÉ

Dans ce jardin abandonné
Où quelques arbres dénudés
Accompagnent vos douces pensées
Vous songez à une âme oubliée.

Savez-vous que, si loin de vous,
Elle n'a de cesse de se faner
Que pourriez-vous lui offrir ?
Si ce n'est qu'un hiver désolé
Où vous vous plaisez tant à vous blottir
Par excès d'une trop grande timidité.

Consentiriez-vous, enfin, à vous épancher
A dévoiler dans un élan de bonté,
Votre tendre affection pour cette Amitié
Que vous pensez si rare, je le sais.

Aimer ne vous est pas si étranger
Mais vous préférez de loin vous protéger
Ainsi, de toute âme vous éloigner
Pour enfin goûter aux plaisirs discrets.

ILLUSION D'UN ÉCHO

Je songe à un écho
L'ombre de vos mots
Souffle d'une Âme
Flottant sur la Plume

J'espère un secret
Doux et indiscret
Message d'amitié
Billet dévoilé

Je pense à un pli
Gazette de Paris
Publiant vos envies
En un feuillet joli

J'aspire à l'ivresse
Des émois brûlants
Serments de richesse
Aux arômes enivrants

Je devine un courrier
Dans un étui papier
Confidences scellées
Âme pour reflet

Tous les fous de vers…

Assise sur la lune opaline,
Au balcon d'un doux été,
Moi, je ne suis qu'une ombre
Elle, une éternelle clarté.

Ne me jugez point indigne
Si en son sein…
Je lui vole quelques lettres
Pour enivrer ma plume désuète.

Folle de vers et de poèmes
Suis-je frappée de vertiges
Lorsque ma plume frissonne
Et que mon encrier me désarçonne ?

Je m'en vais cueillir fleurette
Jeter mes mots par touffe
Monter à l'assaut des lettres
Et, à la fin de l'envoi, je vous touche…

À tous les fous de vers
Aux enchanteurs de rêves
Allons cueillir le guilledou
Abreuvons-nous de billets doux…

« Battons aux champs » !
Roulement de tambour !
Frissonnons de sentiments
Armons-nous pour l'amour !

SAVEURS D'AUTOMNE

Temps de préparation : autant que vous le voulez.
Temps de cuisson : à pif crochu.

Ingrédients (pour 6 personnes) :

10 branches d'arbres
2 kg de feuilles rousses
1 citrouille assez grosse
1 kg de châtaignes
6 pommes de terre
6 pommes rouges entières
6 champignons vénéneux
3 escargots avec leurs coquilles cassées

Assaisonnement :

Gouttes de vin de ciguë
Bave de crapaud
Brume matinale
Brouillards et pluies
2 poignées de glands

Ustensiles :
Immense chaudron
Grimoire « Recettes du Fond des Âges »
Cape officielle de Bonne Cuisinière
Balai
Athamé
Citrouille assez grosse
Bol d'offrande

<u>Préparation de la recette</u> :   À toutes les Sorcières dignes d'en être…

Le secret de toute recette réside dans l'endroit où vous la préparez ainsi que le jour :
Rendez-vous seul dans un cimetière.

Choisissez la tombe d'un druide ancien pour vous servir d'autel.

Il est important de choisir un jour de pleine lune pour que cette dernière vous serve de bougie éternelle.

De votre besace, sortez la Cape officielle de Bonne Cuisinière ainsi que le Grimoire « Recettes du Fond des Âges » à la page « Saveurs d'Automne ».

En premier lieu, mettez votre cape ; ensuite, allumez un grand feu.
Déposez sur les flammes chaudes un immense chaudron, faites bouillir à gros bouillon la bave de crapaud…

Épluchez les 10 branches d'arbres et coupez-les en petits morceaux.

Jetez-les dans le chaudron, faites revenir les morceaux avec la bave de crapaud et quelques gouttes de vin de ciguë.

Ensuite, hachez les feuilles rousses avec l'athamé.
Trempez les feuilles hachées dans la Brume matinale, vous pourrez voir apparaître la silhouette de Sire Automne…
Utilisez la citrouille comme saladier, plongez-y les feuilles rousses, les châtaignes, les pommes de terre coupées en dés et les pommes rouges entières puis mélangez activement.

Déposez le tout dans le chaudron. Avec quelques incantations murmurées en silence et au cœur de votre âme, 6 champignons vénéneux et 3 escargots avec leurs coquilles cassées, remuez le tout avec un balai. Laissez bouillir à pif crochu.

Cinq lunes avant de servir, dans un bol d'offrande, mélangez brouillards et pluies, ajoutez deux poignées de glands puis assaisonnez le tout.

Cette recette mérite attention, précision et être muet comme une tombe…
Pensez à verser votre préparation dans des marmites invisibles pour que personne ne vous la vole.

Attendez le soir d'Halloween puis invitez fantômes et zombies pour un grand festin aux couleurs automnales…

DELIRIUM TREMENS
Hommage à la déraison

De froids délires en trouble démence,
Je me noie dans d'inexprimables confusions.
Je m'enivre jusqu'à déraison.
Inondée de fièvre, j'hallucination.
Je vis d'insomnies, toutes les nuits,
De vastes formes se meuvent :
Des monstres rampent sous mon lit.

De froids soupirs en folle démence,
Je me perds dans d'inextricables tourments.
Le Diable, quelques nuits, s'y convie
Il sculpte, avec un étau, mon cervelet
Me tordant d'angoisses, fait gicler mes pensées.
La folie baise mon front en sueur,
Je reste prisonnière des griffes de ce tueur.

De froides pâleurs en crises terribles
Je me livre aux tortures convulsives.
Je tremble, je me trouble. Un rien m'agite.
En proie à la persécutante solitude
Je succombe devant mes appétits lugubres.
Un désordre fou sans cesse au galop
Vite que ma tête explose au repos…

LA COURTISANE DE VOS LÈVRES…

Blondes ou brunes
Légères ou fines
Élégantes ou court vêtues
Parfumées et brûlantes…
Avec leur robe de papier
Fardées d'un filtre doré,
Ces Miladys te fascinent
Leur trouble te charme…

Havane ou Gitane,
De sa danse sensuelle
Elle t'embrase par sa beauté.
Sa silhouette aguicheuse
T'envoûte jusqu'à la tentation.
Tu veux faire sa conquête
Pour un intime tête-à-tête
Jusqu'à un tango incandescent…

Saveur menthe ou caramel,
De cette superbe gauloise
Tu es tombé sous son charme
Son doux parfum t'enivre
Tu rêves, en secret,
Entre tes doigts de la serrer
De dévorer sa bouche en feu
Et de vous consumer à deux…

Enfin, elle s'offre entièrement à toi
Tout son corps est pour toi.
De tes mains, tu la caresses
De sa chair, tu es esclave.
Elle t'enflamme par ses atours

Tu en es un fou d'amour…
Elle s'infiltre dans tes cellules
Tu éprouves un plaisir sensuel.

Par tous les temps,
Par toutes les saisons,
Avec son glamour envoûtant
Cette plaisante courtisane
Est la fidèle complice
De tous tes instants…
Et cette gourmandise parfumée
Se balade en fumée
Et tombe en méandres cendrés…

Mais à chaque bouffée de nicotine
Tu tombes dans ses pièges
Et pourtant, elle se dandine
Tout au rebord de tes lèvres…

LA DÉFUNTE ORPHELINE

L'Amitié ne court plus les rues,
Elle déserte les avenues.
Frêle, fragile orpheline
L'Angeline a l'âme cristalline.

L'Amitié ne court plus les rues,
Elle fuit les avenues.
Délicate, sensible et coquine
L'Angeline à l'âme chagrine

L'Amitié ne court plus les rues,
Elle disparaît des avenues.
Se consume dans son lit
Tourmentée par le dépit.

L'Amitié ne hante plus les rues,
Elle délaisse les avenues.
Dans un linceul endormie
Un candélabre veille ses nuits.

UN PETIT COIN...

Troquer ce lieu de béton
Pour une étendue de verdure
Juste...
Un petit coin de nature
Sous un teint sans rature
Se tapissant de diaprures
Une haie en guise d'armure.

Changer ces massifs de ciment
En un lopin de terre
Juste...
À la lisière d'une rivière,
Un gigantesque parterre
Immense Monastère vert
Frissonnant en plein air.

Échanger ces usines de bétons
En un lieu jonché de bosquets
Juste...
Un petit bout de forêt
Écrin encore inexploré
Où s'élève une chorale sacrée
Au milieu de cet humble prieuré

Juste...
Un petit coin
Signature du peintre illustre.

DESTINATION LES ALIZÉS…

Un petit Nuage
Tout minuscule
Tout rond
Tout rondelet
Rêve de l'Été…

Chez lui
Tout est gris
Gris souris
Nimbus pleure
Rien pour s'abandonner.

Trop frisquet
Trop frais
Trop pluvieux
Nimbus dort
À poings fermés.

Ciel tristounet
Nimbus s'agace
Brouillards
Brumes
Et nuées

Un petit Nuage
Tout potelé
Rêve sur l'éther
D'autres mirages
Et d'autres mystères

Un petit Nuage
Est en colère
Contre les nuées
Et parfois tout en pleurs
Il gronde…

Un petit nuage
Prit son envol
Sur une comète
Direction les atolls
Traversée sensationnelle

Arrivée à destination,
Nimbus est tout joyeux.
Des siestes dans les alizés
Comme un poisson dans l'eau
Il se repose sur le ciel bleu.

SUR UNE PAGE BLANCHE
Écrire à en consumer les mots…

Sur une page blanche
S'il me fallait écrire
D'une encre noire
Mes mots je poserais…

Sur une page blanche
S'il me fallait écrire
Je plongerais dans l'encrier
L'ombre de mes pensées…

Sur une page blanche
S'il me fallait écrire
Mes mots tituberaient
Imbibés d'un arôme troublé

Sur une page blême
S'il me fallait écrire
D'une plume aiguisée
Je poserais ma griffe acérée

À la sueur de mon front,
Je saurais me consumer
Les mots s'évaporeront
Du fond de mon encrier

D'une encre de cendres
Mes mots giseraient
Transperçant les lignes
De ce pâle papier…

LOIN DES VILLES TENTACULAIRES…

Raser nos villes
Pour des champs de blé
Aller s'y noyer
Plein d'amour et d'amitié…

Raser nos villes
Pour des fleurs et des forêts
Tellement d'oxygène
Pour nos poumons asphyxiés…

Trop grand ces murs de béton
Abattre nos villes de ciments
Que la lumière, en nos cités, jaillisse !
Que la lumière, en nos cœurs, nous réchauffe !

Quitter cette ville maussade
Quitter ces murs sales
Partir, m'évader, prendre l'air
Loin des villes tentaculaires
Tout quitter, oser changer d'air…

S'enfuir vers le soleil
Quitter ce monde industriel
Se vider la tête
S'autoriser la beauté
Oser le pari fou
De vivre sa vie au naturel

Détruire cette cité grise
Démolir ces tours pour géants
Se sauver des horizons tristes
Et croquer l'oxygène à pleines dents.

Je hais ces bâtisseurs de béton
Qui défigurent les collines
Pour construire des piscines ;

Je hais ces bâtisseurs de béton
Qui font mourir la Terre
Pour faire pousser des usines ;

Je hais ces bâtisseurs de béton
Qui souillent les mers
Pour évacuer leurs déchets ;

Je hais ces bâtisseurs de béton
Qui font sortir comme champignons
Toutes sortes de maisons ;

Je hais ces bâtisseurs de béton
Qui déciment les arbres
Pour des zones sans âmes ;

Je hais ces bâtisseurs de béton
Qui s'autorisent impunément
À détruire la bâtisse des êtres vivants…

Loin des villes tentaculaires
Mettre les voiles
Se retirer ailleurs
Pour créer un Avenir meilleur…

Dans un ballet de feuilles…

Dans un ballet de feuilles,
La plume efface l'enfance.
La craie fait grise mine
Quand le vent souffle avec insistance.

Dans la splendeur de l'Automne
Des flocons de papiers gris
Tanguent sous cet éden monotone
Brumeux et infiniment rabougri.

À nue, des limbes se dressent.
Ma mémoire ivre défaille.
Au gré du vent dansent
Des souvenirs qui s'éparpillent.

Dans un ballet de feuilles,
Le vent balaye la lune
Comme on balaye l'enfance
Et ces années d'innocence.

Sous un ciel d'orage
La marelle se laisse inonder ;
Mon ombre gênée est en rage
De ne point trouver la paix.

Sous l'espace intense et muet
Un cœur vif s'ennuie ;
Un parapluie danse le Menuet
Tandis qu'un escargot se languit.

Dans un ballet de feuilles,
L'Automne passe avec un charme fou
Et toutes ses couleurs m'étonnent
Et rendent ce ballet tellement plus doux…

CŒUR DE PAPIER

Petits bouts de papier
Tombés du ciel
Neiges artificielles…

Petit cœur de papier
Tout froissé
Un nouveau-né…

Petits cœurs de papier
Morceaux éparpillés
Sols jonchés…

Petits cœurs de papier
Explosion de confettis
Sensations de nuit…

Petits cœurs de papier
Clarté blanche
Pagaille charmante

Petits cœurs de papier
Tendre rosé
Belle la Mariée…

Mes passagères…

La Solitude prenait ses grands airs
M'imposant sa présence éternelle.
Aussi loin que je m'en souvienne
Les brumes furent toujours mes passagères.

Mes cieux étaient souvent gris
Nuages bas chargés de pluie.
Je rêvais d'instants plus mauves
Pour casser avec ce décor morose.

Ne jamais se confier au silence
Au hasard d'une rencontre,
Ne jamais croire en une présence
De celle qui triomphe des ombres.

J'avais inscrit mon âme en ces lettres
J'avais confié mes arcanes secrets
J'offrais sur papier bien des trésors
Plus précieux que toute myriade d'ors.

Sans écho ; c'est un orage sans bruit
Un silence qui ne laisse aucun pas dans la nuit.
C'est une plaine déserte et muette,
Un vide qui résonne à tue-tête.
Vierge, une feuille blanche sans lignes
Brise un certain équilibre.
Un immense néant au cœur de soi.
Sans accord, l'estime se noie.

Depuis la nuit des temps…

Depuis la nuit des temps
L'Homme erre loin du rivage
Dans une mer mouvementée
De sentiments amers et sauvages.

L'Homme est toujours le même
Un primate sans raison
Prêt à s'habiller de faux sentiments
Pour apprivoiser les temps.

Prêt à conquérir la Terre
Sans se soucier de ses frères
L'Homme s'amuse à se divertir
Pour mieux fasciner et séduire.

Pourquoi toutes ces nuances
D'un continent à l'autre ?
Pourquoi toutes ces souffrances
D'une escale à une autre ?

Ouvre-moi ton cœur mon Frère
Soit un artisan de ta Terre
Ouvre-moi toutes ces frontières
Renoue avec le chuchotement de tes Pères.

Que tu sois d'ici ou d'ailleurs
Oui, ouvre-moi ton âme mon Frère
Sais-tu ce que recherche chaque Homme
Si ce n'est que la même envie de vivre…

FOUTEZ-MOI LA PAIX…

Se soumettre à l'autorité
Quelle fatalité !!!
Je préfère de loin être enterrée
Oubliée au fin fond d'un dossier.

Se soumettre à vos idées
Souvent trop mal dirigées
Loin de moi cette pensée
Je préfère me cacher dans l'obscurité.

Se soumettre à vos excès
Coups de colères et brutalités
Se soumettre à vos lumières engagées
S'il vous plaît, oubliez…

Se soumettre à vos mains serrées
D'habiles tromperies sans sincérité
Se soumettre à vos dîners intéressés
Sincèrement, foutez-moi la paix…

Croyez-moi, pour être respecté
Il vaut mieux se taire
Et passer pour plus petit que ses maîtres…

À Monsieur Hugo…

Dites-moi, Monsieur Hugo
Quels sont vos mots ?

Dites-moi, mon cher Victor
Comment abolir la misère
Quand dans nos rues
Certains dorment encore par terre.

Je sais, ce ne sont que des termes
Oui, je sais j'exagère…

Dites-moi, Monsieur Hugo
Comment enlever ce fléau
Allons, mettons-nous au boulot
Pour ne plus contempler dans nos rues
De pauvres hères au bout du rouleau…

Dites, mon Cher Hugo
Comment envisager l'Avenir
Sans vos mots…

Le printemps

Tout est léger sous le ciel clair
Les arbres bourgeonnent et s'éveillent
Les premières fleurs frémissent à l'air
Doucement les animaux se réveillent

Allongée dans les herbes hautes et folles
Mon regard plongé dans le bleu du ciel
Quand bourdonne l'air où en secret batifolent
Tous les insectes galants sous le soleil

Refrain :

Voici le mois de mai
Le joli du printemps
Carillonne le muguet
À la brise du vent

Voici le ballet des fées
Esprits follets légers
Butinant les fleurs
Dans ce jardin de couleurs

Voici le mois de mai
« Fais ce qu'il te plaît »
Tiens, je m'en vais essayer
Insouciante le cœur léger

Adossée à un chêne centenaire
Une paille à la bouche
Les cheveux au vent
Cabriole mon émoi à la source

Les oiseaux se déclarent leur amour
Symphonie d'un chœur de lumière
Murmure que la vie est belle aux alentours
le Soleil avec ses pétales se libère

Refrain :

Voici le mois de mai
Le joli du printemps
Carillonne le muguet
À la brise du vent

Voici le ballet des fées
Esprits follets légers
Butinant les fleurs
Dans ce jardin de couleurs

Voici le mois de mai
« Fais ce qu'il te plaît »
Tiens, je m'en vais essayer
Insouciante le cœur léger

Bourdonne de nouveau la vie
Les feuilles caressent les branches
Renaissance dans les prairies
De mille fleurs chatoyantes

Le bonheur est dans le pré
Tous les arbres se rhabillent
Le mimosa cette petite beauté
Est doux comme un serment d'amour

Refrain :

Voici le mois de mai
Le joli du printemps
Carillonne le muguet
À la brise du vent

Voici le ballet des fées
Esprits follets légers
Butinant les fleurs
Dans ce jardin de couleurs

Voici le mois de mai
« Fais ce qu'il te plaît »
Tiens, je m'en vais essayer
Insouciante le cœur léger

La brise souffle sur les roses
Le pollen s'amuse sous le ciel
Tous ont retrouvé leur jeunesse
Ondoient mes sentiments au miel

Le vent me chuchote des secrets
La Lune veille à l'éclosion
Des orgies de couleurs
Sèment la séduction

Refrain :

Voici le mois de mai
Le joli du printemps
Carillonne le muguet
À la brise du vent

Voici le ballet des fées
Esprits follets légers
Butinant les fleurs
Dans ce jardin de couleurs

Voici le mois de mai
« Fais ce qu'il te plaît »
Tiens, je m'en vais essayer
Insouciante le cœur léger
…

SURVOLER LES BRUMES

Survoler les brumes
Illuminer ces idées noires
Pour décrocher la lune
Et déscotcher le cafard

Marché en équilibriste
Sur un fil invisible
S'égarer de la piste
De la cible qui stabilise

Au détour de la sensibilité
Intenses sont les émotions
Les pensées se muent de fragilité
Quand tout est remis en question

Bataille de flots mouvants
De larmes en cris muets
Un vacarme turbulent
Dans un corps qui se tait

Si le chaos nous entraîne
Il existe un lieu à connaître
L'endroit de notre conscience
La culture de notre « bien-être »

Alors que tout devient éveil
Respectueux de sa valeur humaine
Touché en soi par le réveil
Le lâcher-prise nous emmène…

La boîte à idées

J'suis une boîte à idées.

Une idée à boîte, si vous voulez.

J'suis « la boîte à pensées » que vous avez si joliment habillée.

Une boîte, toute petite, où on dépose à son gré, une idée selon ses souhaits.
Ne vous détrompez pas, je n'suis qu'une boîte à idées.
Une petite boîte, tout étroite, où fusent les idées.
Ouh !!! Ouh !!! Ouh !!! À l'intérieur, ça fume, croyez-moi.

Idées petites ou grandes, toutes ont leur importance.
Mais laquelle fera succomber nos chefs amusés.
Qu'en sais-je ? Je n'suis qu'une boîte à idées où s'enferment toutes pensées.
Bien fermer à double tour pour secret.

Moi la boîte, je rêve de philosopher…
Et il m'est venu une idée : « Si un jour, dans les escaliers, toutes rumeurs
cessaient… Le monde serait moins laid… »

    Votre dévouée,
    La Boîte à idées

À LA DÉROBÉE

Mon corps recroquevillé
Se posant les mains sur les oreilles
Ne demande qu'une seule chose
Que tu cesses enfin de me plumer.

Les mots que tu continues à multiplier
Comme des cadeaux en mon âme fatiguée
Sont des silences qui m'ôtent
La parole si chère à ma liberté.

Où as-tu déniché que tu devais t'exprimer
À ma place volant ainsi mon éloquence
C'est comme une prison face à ma souffrance
Alors que je devrais enfin la libérer.

Combien de fois je te répète
Seulement de me donner le temps d'oser
Même si tu crois bien faire avec ton air aimé
Et pourtant tu laisses tes mots m'emprisonner

Mon corps recroquevillé
Se posant les mains sur les oreilles
Ne demande qu'une seule chose
Que tu cesses enfin de te publier.

Les mots à foison que tu jettes sur papier
Comme des secrets à la dérobée
Sont comme des cris dévoilés
Alors que je devrais enfin les clamer.

Je te demande de respecter
Mes silences et mon autisme
Tu ressembles à ces journalistes
Qui volent ma vie pour quelques artifices.

DÉAMBULENT NOS VIES

Couplet 1 :
Déambulent nos vies
Dans le noir le plus complet.
Se risquer à tomber
Pour voir au plus profond
Toutes nos plaies.
Dans ce miroir sans issue
Un vaillant se mue.

Puis, croire en la lumière.
Se libérer de nos chaînes
Après avoir goûté à l'enfer.
Telle une âme qui erre
Se saouler à la vie
En criant à l'espoir
Des litanies d'envies.

Refrain :
Ainsi déambulent nos vies
Entre jours gris et paradis
L'Homme, las de monotonie,
S'invite à l'ennui
Espérant trouver ici
Un sens à sa vie.

Couplet 2 :
Déambulent nos vies
Au sombre le plus infini
Se hasarder à sauter
Pour effleurer de plus près
Un rêve endormi.
À l'infini lointain,
Guetter un lendemain.

Puis, croire en la lumière.
Se délivrer de nos peines
Pour espérer un éden
Dans cette vie blême.
Renaître de ses cendres
Se frayer un passage
Dans ces plaines absentes.

Refrain (x2) :

Ainsi déambulent nos vies
Entre jours gris et paradis
L'Homme, las de monotonie,
S'invite à l'ennui
Espérant trouver ainsi
Un sens à sa vie.

Sur le fil de l'imaginaire

Couplet 1 :

Dans l'antre de mes rêves
À l'orée de l'imaginaire
La tête à l'envers
Je chante mes chimères.

Dans des brumes sans lendemain
L'Amour rêveur et incertain
Regarde passer la lune
Sur un nuage de dunes

Une plume légère et solitaire
Se balade dans les airs
Porter par le vent frais
Au doux sillage d'un été

Refrain :

Que dire de nos rêves
Qui tournent sans trêve
Comme les chevaux de bois
Ne cessent malgré le froid

Couplet 2 :

Accompagnée de mon piano
J'illumine ma vie en stéréo
Dans un ballet de notes
Je m'envole telle une astronaute

Dans le ciel tout en fête
Je scrute les ailes
De ma charmante Dam'Oiselle
Que j'aime en ritournelle

Refrain :

Que dire de nos rêves
Qui tournent sans trêve
Comme les chevaux de bois
Ne cessent malgré le froid

Un abécédaire philosophique

Aimer son existence est un
Bonheur pour tous les jours.
Cheminer à l'intérieur de soi
Doucement éclaire ses contours.
Estimer que le temps est précieux, c'est
Fuir l'arrogance de l'ère fugace.
Grande est l'éternelle patience !!!
Honnêtement, le Sage murmure au vent,
Il parle peu, mais en conscience,
Jouissant de l'instant qui se présente :
Karma renouvelé pour un avenir meilleur.
L'hiver de l'âme est parfois rude,
Mais une simple petite méditation
Ne donne qu'en son cœur bienveillance
Ouvrant son ciel en plénitude.
Pourtant, le Sage dans son humilité,
Qui dans sa modeste opiniâtreté
Recherche toujours à s'élever
Sillonne les montagnes de sa vie
Tout en restant maître de son silence.
Uni à la Terre et aux éléments,
Vivant dans une noble estime
Wagage pour son Nirvana
Xénophile de tous les éveils spirituels
Yahvé d'extase jusqu'à l'infini Jhâna
Zèle de la connaissance originelle…

L'INCONNUE DES STÈLES

Couplet 1 :

Une Fée tomba du ciel
Une nuit de glace
Tel un flocon de neige
Son envol était de grâce

Elle feuilletait la sombre toile
Et pailletait le firmament
D'une légère poudre d'étoiles
Pour faire scintiller les ans

Refrain :

Minuscule, passagère des airs
L'Inconnue des Stèles
Offrait un peu de lumière
Aux âmes de tous nos Frères

Couplet 2 :

Pour enluminer les pièces du temps
Elle peignait une écharpe d'Iris
Aux tons bien étincelants
Le cœur plein de malice

Refrain :

Minuscule, passagère des airs
L'Inconnue des Stèles
Offrait un peu de lumière
Aux âmes de tous nos Frères

Morale :

Obéron, Roi des Fées
Avait donné pour mission
De semer « Poudre Paix »
Sur toutes les Nations…

Minuscule, passagère des airs
L'Inconnue des Stèles…

Minuscule, passagère des airs
L'Inconnue des Stèles…

Envolée d'une petite Elfe

À chacun des Crépuscules,
Moi, Petite Elfe Gris,
Assise sur une Ombellule
Je contemple en secret
La Carte des Constellations.

Près d'un paisible étang,
Couchée dans une Rose
En guise de couverture
Quelques pétales de fleurs
Me protégeant des vents ardents.

Comme toutes les soirées,
J'étudie le monde d'en haut.
Un tête-à-tête discret
Avec la Lanterne de la Nuit
Diamant de mes insomnies.

Par une belle matinée,
Un papillon multicolore
Se posa sur mon ombelle.
Afin de réaliser mes rêves,
Sur son dos, je pris mon envol.

Comme un cerf-volant
Poussé par le souffle du vent :
Quel essor majestueux vers l'Horizon !
Partir pour un ailleurs et à l'aventure
Pour frôler le divin Azur.

Importuné par tant d'efforts,
Mon lépidoptère, dans un dernier essor,
Se reposa sous le dos d'une oie.
Une envolée tellement belle
Dans ce mystérieux Univers.

Comme la Nuit vient vite
Quand on échappe à l'ennui !
Agrippée aux plumes de l'oiselle,
Je plonge dans ce miroir d'eau
Où ondoient des poussières d'étoiles.

Mon vaisseau merveilleux
Tout en délicatesse met les voiles
Vers un cortège lumineux
Où pétille un artifice boréal.
Ici, je cueille un bonheur sidéral.

Dans un élan de courage,
Je saute sur le premier nuage
Un immense coton de douceur
Pour une sieste en apesanteur
Une immersion dans une mousse de candeur.

À mon réveil, près des humbles nues,
Un escalier en forme d'arc-en-ciel
Que je grimpe tel un funambule
Pour arriver au sommet de ma chandelle.
Une Romance inouïe pour un fidèle Ménestrel.

EN CROISIÈRE À TRAVERS TES MOTS

Assise sur un banc de lierre,
Sous un ciel sans nuages,
Enfin, seule, au creux de tes lettres.
Une croisière secrète aux portes de tes pages.

Simplement ouvrir l'écrin de ton âme :
Sillonner, enivrée par l'ivresse de tes émois,
Ton encre soufflant l'écho de ta flamme
Noble richesse murmurant ton amour pour moi.

Voyage, voyager Mon Amour au travers de tes mots
Sonder chacun de trésors enfouis
Naviguer puis chavirer sur tes flots
Envoûtée par le chant de ta mélancolie.

Transportée par des serments enflammés,
Mon Enchanteresse brûle d'un amour naissant ;
Puissante fièvre : profondeur de tes immensités
Promenade troublante dans l'antre de ton firmament.

Exploratrice de Notre Carte du Tendre,
Moi, je suis ton libre Troubadour
Ce charmant papillon qui aime attendre
Pour butiner à souhait le pistil de ton amour.

À présent, je pose mes valises dans ton sanctuaire
Pour savourer la fortune de tes rêves,
Flânant aux abords de tes jardins d'Hiver
Pour un séjour auprès de ton Être.

FRANÇOISE HARDY
Acrostiche

Frêle et élégante, troublante par sa personnalité
Rêveuse bohème qui gratte sa guitare,
Amoureuse follement des transports enflammés
Nostalgies soufflées en cris de désespoir...
Chanter les mots pour les sublimer
Ouvrant son cœur malgré tout...
Introvertie, Françoise se confie en douceur
Simplement des étoiles tombent de sa plume
Essayant d'émouvoir son beau mystérieux à l'iris bleu...

Hardy ses jeux de mots drapés tout en finesse
Aimante égérie qui livre son immense tendresse
Riche est son répertoire en « Messages personnels »
Divine est sa voix qui se promène
Yeux qui honorent cette Muse habillée de sagesse.

L'ART D'AIMER

L'Amour, ô l'amour que c'est joli !
Que c'est beau, que c'est fleuri,
Que c'est gracieux, que c'est merveilleux,
Un brin léger tourbillonneux...

C'est un manège d'agitations
Tout en moi crie ton nom...

Libre et gracile, ce papillon
Qui virevolte jusqu'à déraison
Butine un feu sacré
Étourdissant à souhait...

Que de transports au galop
De chevauchées qui griment coquelicot ;
Que de bras serrés, de baisers échangés,
Que de mains en balade,
Que de souffles, de murmures en secret...

Que l'Amour est un art
Quand il est bien fait...

La légende de la mer

Sous un voile de silence et de brumes légères,
Il y eut un visage en forme de nuage dans le ciel.
Au-dessus, un éclair sans foudre effleura sa tête
Et sur sa joue, telle une caresse, s'écoula une goutte.

Minuscule, dorlotée par le murmure aimant de l'air,
Cette opale, tendrement, tomba dans l'atmosphère.
Doucement, Petite Larme promenait sa vie
Quand elle ricocha sur une pierre et finit en son lit.

Étendue là, paisible, sur la Terre nourricière,
Elle se reposait, sereine, aux abords de chênes éternels.
Puis ; elle parcourait, silencieuse, des forêts entières
Où le vert feuillage de ses hôtes lui servait d'ombrelle.

Quand le charme de l'insouciance fut passé,
De petits en grands sillons, Onde s'amusait à défier l'éther.
Elle grandissait sous l'œil bienveillant de la lune en reflet
Et enfin prête pour un étonnant voyage, elle se jeta dans la mer.

Belle, immense, en ce fascinant miroir d'azur
Qui cache en son sein de curieuses richesses :
Ses prairies luxuriantes abritent d'étranges créatures
Que, dans son humble générosité, elle berce.

Mais, quand résonne la bataille des nues,
Ses humeurs se déchaînent au plus ardent.
Impétueuse, furieuse, gronde en ses abysses inconnus
Le chant sombre des gouffres angoissants.

TOUTES VOILES DEHORS
Acrostiche

Traversons les eaux Moussaillons !
Odyssées ombrageuses en vue…
Unissons nos forces sur ce galion !
Toutes les eaux se jettent et se ruent
En masses mouvantes et déchirantes
Sur la coque : Tempêtes menaçantes…

Voguons, voguons sur les flots !!!
Oublions la Terre pour quelques instants.
Impitoyable est la navigation sur l'eau.
La grande aventure commence vers le soleil levant…
En route, Moussaillons, chantons sous les vents !
Sillonnons le territoire des sirènes et l'ardent océan.

Debout les Gars, suivons les étoiles,
Embarquons vers notre destinée : La Liberté.
Hissons, hissons, Matelots les voiles
Où l'horizon est de toute beauté.
Rendez-vous jusqu'au bout du monde
Sur les flots où les cieux se confondent.

LES CONSTELLATIONS
Acrostiche universel

Au Crépuscule qui tombe
Bien des étoiles s'illuminent.
Ciel d'ébène qui scintille
Dessinant des symboles stellaires…
Éclaboussé de constellations, le
Firmament est tout en feu :
Gouffre d'ombre grignoté,
Hiéroglyphes divins
Incrustés depuis la nuit des temps…
Je plonge dans la Voie lactée
Kaléidoscope d'emblèmes irisés.
La lune pleine s'émeut de plus belle
Mariant ses larmes aux lampions éternels.
Nimbes des plus grands mythes
Océan profond de la Nuit
Palpite d'une délicate harmonie
Qui réjouit les poètes en insomnie.
Rêves grandioses de l'infini…
Silencieuse, la beauté se donne
Tourbillons de lumières incandescents
Ultragénéreuse se fardant volontairement
Voûte merveilleuse qui s'abandonne.
Wagons stellés qui embrasent les astronomes
Xanthophylles dorées, boussoles des navires…
Y a tant de sublimes au cœur de l'Univers…
Zéphyriens moments précipitant vers des cortèges imaginaires…

TRISTESSE À PARIS

Que Paris semble bien lasse
Si longues sont ses plaintes
Un hurlement sans peu de grâce
Et la ville en perd toutes ses teintes.

Il fait si triste à Paris
Tant les arbres sont en pleurs
Les Poètes n'y font plus de bruits
La Ville Lumière se meurt.

Il fait si gris à Paris.
Paris s'ennuie sous la pluie.
Le ciel austère sent la suie :
Adieu les Artistes qui fuient !

Le goudron s'éprend de la nuit
L'horizon peine à se montrer ;
La brume forme quelques esprits
On y voit des Rois s'y promener.

Et ces quelques têtes tombées
Hantent les souvenirs de ces rues,
Tressaille en son cœur désappointé
Un silence qui perdure et se mue.

Si Paris fait tant de grimaces
La Lune, quant à elle, enterre sa face
Paname à la tristesse tenace
Quand l'ombre incruste sa trace…

Cette ville est sans mystères
Émue, elle lèche ses sanglots
À ses pieds jonchent, sans lumière,
Des feuilles ternies, vides de mots.

Les arbres squelettiques et fiers
Somnolent, transis par le froid ;
Et toutes ces heures entières
La Cathédrale s'épanche parfois.

La Seine fait grise mine,
Les Gargouilles sont en guenilles ;
Paris est toute une énigme
Quand la pluie tambourine.

Que Paris semble en peine.
Et les vitraux de Notre-Dame
Soufflent souvent ces chimères
Et Esméralda a le vague à l'âme.

Les trottoirs ruissellent de tristesse
Et le fantôme d'Hugo pleure Léopoldine.
Quand la Seine se saoule jusqu'à l'ivresse
La tour Eiffel fait moins sa maline.

Les Impressionnistes ont l'âme qui chavire
Quand cette toile se pare de gris ;
Même les Romantiques à l'absinthe s'enivrent
Dans les cabarets pour chasser l'ennui.

Quelle tristesse sur les quais de la Seine,
Et pourtant quelques Libertins chantent l'amour
Quand les Soldats eux fredonnent leur haine
Sous ce chapiteau de brume et de tambours…

Toutes ces clameurs font l'histoire de Paris
Et tous ces fantômes sont les hôtes de la Capitale ;
Pourtant, je me traîne sous mon parapluie,
Les toits semblent si gris et les rues si sales.

Sous cet univers lourd et maussade,
Je n'aime pas Lutèce en hiver
Les arbres sont de vulgaires squelettes
Statues inanimées bloquées par la terre.

Même au creux de mon spleen,
Paris reste cette ville de mystères
Et sous cette infâme bruine
Elle m'entraîne vers un ailleurs littéraire.

Sur le quai de mes brumes...

Sur le quai de mes brumes,
Les feuilles dansent dans le froid
Et je danse au chevet de la lune
Quand déambule le silence autour de moi...

Moi, funambule, désarticulé aux abois ;
Brisé par ton mystérieux amour ;
Ton silence est un vide qui se boit
Et je me consume pour de tendres atours.

J'ai des perles de brouillard sur mon front,
Les palmiers grelottent sous le froid
J'imagine, en solitaire que dansent nos flocons
Et que s'illuminent tous les toits.

Je marche, je marche des heures entières
Dans un labyrinthe de verre
Je consomme l'essentiel de mes heures
À me réciter d'étranges vers.

J'avais oublié que l'été est là,
Que dansait la chaleur dans le vent.
Mais se brisent mes lourdes ailes parfois,
Et tous mes rêves ont un goût de sang.

Sale temps au cœur de ma vie,
Tellement que mes cieux s'éteignent
Mais je sais que l'on peut trouver l'envie
Dans nos cimetières de lumière...

Ô livide poussière qui tombe sur terre ;
Un brasier rouge agonisant dans mon volcan
Comme un aimant poussé vers le tendre fer
Où s'en vont tous mes rêves d'enfant ?

Quand la sécheresse étouffe mes émois
J'en oublie qu'en hiver il fait si froid
Et si l'étincelle s'éteint en moi
Le mistral chasse la grisaille d'un coup d'éclat.

Emmitouflée dans mes lourdes pensées,
Je traîne dans cette vieille cité
En quête d'une tendre destinée :
Petite feuille dans cet océan d'immobilité...

Mais l'été s'engouffre dans les cafés
Et si je zonais avec moi-même,
Mes brumes s'évaporent en fumée
Un sursaut dans mes matins blêmes.

Nous étions au début de l'été,
Et sur le quai de mes brumes,
Devant moi, Sir temps s'est arrêté
Soufflant légèreté dans mes plumes.

Sur le quai de mes brumes,
Les feuilles vertes s'entichent de moi
Je danse toujours au chevet de la lune
Le cœur étourdi par l'arrivée de fols émois.

VOLEUSE DE BAISERS

Un, deux, trois, vole-moi
Avec tes lèvres aussi bien aisées
Oui vole-moi d'affectueux baisers
Ma Chapardeuse de tendres émois.

Ma petite Voleuse de mes lèvres
Kidnappe l'ensemble de mon visage
Toi l'Ensorceleuse qui m'enfièvre,
Fait naître en moi un bouquet de fleurs

Un, deux, trois, vole-moi…
Oui, vole, ma Voleuse…

Voltigeuse dans mes firmaments,
Ma Maraudeuse en mon jardin secret
Viens, mes babines croquer tendrement
Et par ton souffle t'en délecter…

Voluptueuse petite Croqueuse
Du diamant de mes doux mots ;
Oh, viens ma petite Amoureuse,
Coller tes lèvres sur ma peau…

Un, deux, trois, vole-moi
Ma Renarde dérobe-moi des baisers.

Viens, oui viens près de moi
Je te volerai des baisers

Des baisers doux
Des baisers partout
Des baisers langoureux
Des baisers soyeux
Des baisers sucrés
Des baisers salés
Des baisers rieurs
Des baisers enjoués
Des baisers chocolat
Des baisers de fraise
Des baisers chauds
Des baisers mouillés
Des baisers légers
Des baisers d'Été

Que de brasiers en bouche !!!

Donne-moi tes baisers de mots
Ces baisers en trop
Me désaltérer à tes lèvres humides
À ta bouche en cœur qui m'intimide…

Viens, oui viens goûtons-nous
Suspendons le temps
Pour des bisous dans le cou…

J'VEUX DE LA TEMPÊTE…

J'veux fracasser le temps
Bousculer l'irrésistible vent.
Tout balayer… Tout balayer…
Que plus rien n'ait de sens
Et que hurle le silence...

J'veux tout faire voler en éclats
Et faire désintégrer mes propres lois
Tout exploser… Tout exploser…
J'veux un coup de bombe
Et un firmament sur mes ombres…

J'veux de la tempête
Mettre le bazar dans ma tête
Tout bazarder… Tout bazarder…
Déraciner ce vieil Automne
Qui m'empêche de naître…

Je veux que le tonnerre gronde
Des colères en trombe
Tout foudroyer… Tout foudroyer…
J'veux un orage sans fin
Et agiter tous mes lendemains…

J'veux que l'hiver flambe
Embraser cette éternelle pénombre
Tout brûler… Tout brûler…
J'veux que tout flamboie
Pour raviver l'ensemble de ma foi…

J'veux d'immenses torrents
Des vagues en mouvements
Tout submerger… Tout submerger…
J'veux d'innombrables ondes
Des tonnes d'émotions fécondes…

J'veux tout sens dessus dessous
Tout recommencer à zéro
Tout briser… Tout briser…
Les verres et la vaisselle
Et ton charme qui m'ensorcelle…

Je veux d'immenses plaines
Puis supporter toutes mes peines
Tout répandre… Tout répandre…
Un horizon à mes larmes
Pour une harmonie en mon âme…

Je veux déchirer mon voile
Déchiqueter cette étrange toile
Tout froisser… Tout froisser…
Arracher les papiers de ma destinée
Fendre la brume pour un baiser…

J'veux être sans retenue
Et de mes prisons ne plus être détenue
Me libérer… Me libérer…
J'veux être rebelle
Sans pour autant être belle…

J'veux qu'aboient les loups
Quand je me sens seule au fond du trou
J'veux enfreindre toutes les lois

Et oser assumer tous mes choix…
Je veux défier l'inéluctable mort
Et insulter tous ses torts…
J'veux dépoussiérer mes vieilles idées
Renouveler toutes mes pensées
J'veux faire hurler ma rage
Pour ne plus me montrer aussi sage…

J'veux de la tempête…
Un ciel tout en fête
Des feux d'artifice de lumières
Pour nettoyer l'atmosphère
J'veux dépoussiérer le ciel
De la Lune au Soleil
J'veux des cieux bleu lagon
Et des nuages de Dragons
J'veux de l'amour sous perfusion
Des potions et élixirs de passions
J'veux des Palais d'été
Et déposer d'infinis baisers
Je veux mille et un printemps
Et tes deux yeux pétillants
J'veux des tonnes de câlins
Et être près de toi chaque matin
J'veux m'étourdir en ta présence
Jusqu'à un avenir d'espérance
J'veux de l'extrême douceur
Et ton cul envoûteur
J'veux des éternelles caresses
Et tes mains sur mon corps en paresse
J'veux Toi en illimité
Et tout apprendre sur le verbe aimer…

J'veux de la tempête…
Pour remettre tout à net
J'veux plus aucun doute
Mais des certitudes sur ma route…

JE VOUS EMMERDE

Pas assez bien,
Pas assez belle,
Jamais à votre goût.

Un peu trop polie,
Pas assez polie,
Pas assez ceci,
Pas assez jolie.

Jamais aux normes
Jamais bien établie…

Je suis différente,
Parfois chiante.
Bien trop différente
Ça coule de source…

Être soi-même
Ça vous débecte
Je sais…

Les Autres gênés
Ma présence à supporter :
Alors m'isoler
Loin des préjugés…

Avancer quand même…

Recevoir en pleine gueule
Des Autres leur bassesse
Froissée, vous n'en avez cure.
Quand je me confesse à mes murs.

Toujours jugée
Jamais respectée
Ne plus subir
Ne plus supporter
Vos coups lancés.

Marre d'encaisser
Marre d'accepter
Tous les mensonges
Tous les faux songes.

Dans tous vos dîners de cons
Être une bête de foire
Plus jamais…

Le goût des autres
En aucun cas…

Marcher au pas
Jamais
Rentrer dans le moule
Jamais
Traîner dans la boue
Jamais

Dis, regarde-moi
Si tu n'es pas assez fort
Pour prendre soin de moi
Dégage, que la vie t'emmène loin de moi.

Pour tous vos commérages du coin
Je vous emmerde
Pour toutes ces rumeurs sans lendemain
Je vous emmerde

Dis, arrête-toi devant moi
Regarde-moi…
Ne suis-je humaine
Comme chacun et chacune ?

Les vipères au poing
Qui s'en prennent à moi
Filez loin de moi.

Je veux des gens qui s'arrêtent
Et qui prennent soin de moi.
Parce que se reconstruire
Ce n'est pas un jeu.

Sois gentil, prends soin de moi !

Oiseaux de mauvais augures
Cessez vos ouragans de mensonges
Que tombent le fiel de vos parures
Et que renaissent mes songes.

AUX SOUFFLES DE NOS LETTRES

Dis, à quoi servent les mots ?
Aussi petits soient-ils...
À quoi servent les souffles de nos lettres
Quand ils ne sont pas dits...
Quand ils ne sont pas écrits...
Quand ils sont oubliés par dépit...
Quand ils ne sont pas lus...
Quand ils ne sont pas entendus...
Lorsque chaque écrin de lettres
N'a jamais été fouillé,
Lorsque chacun de nos coffres
N'a pas été, au grand jour, révélé.

Pour vous, est-ce cela la vie :
Passer à côté d'Autrui...
Juste par flemme
Juste par haine
Ou par inconséquence...

Que dire quand les mots
Ne semblent pas assez forts
Pour bousculer les âmes insensibles ?
Que l'encre n'est pas assez humide
Pour toucher le cœur des Autres ?

Dis, à quoi servent les mots ?

Mais que faire de tous ces mots perdus ?
Puis que faire de ceux qui encrassent l'âme ?
De ceux qui brisent nos voiles ?
Et de ceux, qui nous tuent parfois ?
Que faire de nos pensées enfermées

Clouées sur nos croix ?
Que dire quand retentit le glas du silence...
Je hais ceux qui font pleurer...

Aussi que dire de ces infos qu'on débite
Sans retenue, pour informer.
Et de ceux sur les réseaux déposés
Bloqués sur la virtuelle irréalité.

Sourds, restons sourds quand le vent souffle
Et quand le piège de la rumeur partout siffle...

Que dire de ceux que l'on porte comme bagage ?

J'abandonne les mots qui ne laissent
Ni aucun répit ni aucun soulagement...

Avons-nous conscience de l'importance du Verbe
De sa résonance ou de son oubli...

Qu'aux calices de nos souffles
Poussent des fleurs d'exaltation,
Qu'au seuil de mes lèvres
Fleurissent des nectars d'émotions...

Quel doux vacarme !

Quel doux vacarme !
Quand le silence en personne me délivre son message
Qu'une ouate de discrétion venue du fond des âges
M'enveloppe de son aura et m'invite à devenir sage...
Je me libère du tonnerre de tous les bruits
Et ainsi fuit la ronde monotone de l'ennui
Pour goûter à l'invasion secrète de la paix qui me ressource.

Quel doux vacarme !
Tu sais, ce vacarme tendre
Quand chante la symphonie des oiseaux
Dans l'intimité d'un bleu infini ;
Quand ploient les branches des arbres immenses
Au doux murmure de la Lune en émoi ;
Quand les fleurs s'éveillent à l'aurore
Sous la rosée fraîche qui perle encore...
Oui que sont tendres les émois de Dame Nature...

Quel doux vacarme !
Tu sais, ce vacarme tendre
Quand les feuilles tourbillonnent en Novembre
Et choient en tapis vêtissant le sol d'ambre ;
Quand l'eau coule en scintillement
Éclatant de diamants dans l'espace de son lit ;
Quand le vent en ferveur délivre ses secrets
Et qu'il fait tomber les serments des amants étourdis.
Oui qu'il est doux l'instant qui m'enivre...

Quel doux vacarme !
Tu sais, ce vacarme tendre
Quand les étoiles scintillent et que la nuit se couche
Délicatement avec douceur en emballant l'Univers ;

Quand mon autre dort et que son souffle est mon essentiel
Que sa respiration est l'unique bien à mon ciel ;
Quand son souffle décline ses mots d'amour
Que ses murmures tendres définissent mes atours.

Quel doux vacarme !
Tu sais, ce vacarme tendre
Quand à pas feutrés dansent les flocons de neige en hiver
Que crissent mes pas dans une forêt de sapins verts ;
Quand les flammes sémillantes crépitent dans la cheminée
Et que le bois craque, se consumant en fumée.
Quand, près de la cheminée le chat ronronne
Tandis que sur la fenêtre la pluie tambourine.
Oui qu'il est tendre l'instant qui se présente à moi…

Quel doux vacarme !
Tu sais, ce vacarme tendre
Quand mon corps se repose sur le sable chaud,
Se sent bercé par le va-et-vient des vagues en mouvements ;
Quand lors d'une sieste sous un vieil olivier
Chantent les cigales et qu'elles m'invitent à me reposer ;
Quand le vent d'été fait frémir les herbes folles
Tandis que battent les ailes de papillons sous les corolles
Oui, que l'été est un doux garnement !

Ah oui qu'il est doux ce silence en vacarme
Quand il me tend ses bras en chœur
Qu'une église devient un écrin sacré en mon prieuré
Et que ma quiétude silencieuse rayonne en mon cloître…
Effectivement qu'est doux le chant du silence
Qui rayonne en mon dépouillement jusqu'à l'élévation spirituelle…

LES TOITS SONT GRIS…

Les toits sont gris
Le vent souffle un peu
Les cheminées crachent du feu
L'hiver charme l'ennui…

Moi, Petite Elfe Gris,
J'ai des ailes en plumes
Je déambule dans le ciel infini
Doux nuages ! Jolie Funambule !

J'ouvre mon parapluie
Et danse au creux de la nuit
Je voyage toujours ainsi
Dans l'Univers de mes rêveries

Les étoiles scintillent
Et tombent en lettres
La Lune s'en indigne
Et rit à tue-tête.

Le ciel est immense
Je voyage en solitaire
Chevauche quelques nuages
Harmonie céleste !!!

Les toits sont gris
Le vent souffle un peu
Dans mes cheveux
Tels sont ses aveux !

Dans un ciel sans failles
L'Hiver est là
Les flocons d'argent
Effleurent les étoiles…

Des fées en cristal
Dansent en frissonnant
Et caressent le sol virginal
Dans le creux d'un matin naissant

Les toits enfin sont blancs
Les cheminées crachent encore du feu
Les tuiles sont recouvertes
D'un pelage neigeux…

La saison joue à l'hermine
Et malgré l'intensité du froid
Le manteau des sortilèges s'illumine
Succombent des frissons qui flamboient…

Et si le vent continue son souffle
L'Hiver se tient devant moi
Sa sérénité s'invite sur Terre
Et son silence influence mes émois…

Les toits restent blancs
Des cristaux s'épanchent
Magie du pur instant
Où l'Hiver s'esquisse en Ange…

TOUS CES TABLEAUX COLORÉS
Rondeau

Plus beaux que mes souvenirs
Enfermés dans une tourbe sombre,
Plus légers que mes tourments
Qui s'affolent comme des bombes,
Tous ces tableaux colorés
Accrochés sur ce mur blanc
Illuminent mon triste monde.

Plus vivants que mon âme solitaire,
Plus joyeux que mes yeux ternes,
Plus lumineux que la Lune au firmament,
Plus légers qu'une plume glissant au vent,
Et plus ardents que les Feux de la Saint-Jean,
Tous ces tableaux colorés
Inondent de leurs merveilles mon temps.

Il en faut des artistes de lumière
Il en faut des originaux de toute ère
Des chercheurs de beaux sans manières
Il en faut des palettes de couleurs,
Des tonnes d'éclats pour que
Tous ces tableaux colorés
Inspirent joyeusement ma sensibilité.

Sur son houppier est mon bonheur

Moi, Petite Elfe, avec mes ailes transparentes
Quand je vadrouille dans la Nature aimante
Je m'arrête près d'un arbre centenaire.
Et j'escalade une à une ses branches
Pour monter vers les cimes et changer d'air…
Je suis l'acrobate de toutes ses feuilles
Je suis la funambule de cet ami végétal
Et je quitte enjouée cet Univers bestial…
Que vous êtes ravissant, Monsieur Arbre !
Par vos immenses bois, je monte intrépide au ciel
Et délaisse ainsi d'en bas tous les drames
Vous êtes l'échelle qui mène au céleste bonheur
Qu'en haut sont toutes paisibles mes heures…
Je m'assois sur la plus haute branche
Et ainsi me repose de mes joyeuses voltiges…

LE RÊVE DU PETIT NUAGE BLANC

Il y avait auprès du soleil
Un petit Nuage Blanc
Qui à son réveil
Commençait en chantant

Tandis que les autres pleuraient
Le petit Nuage Blanc était
Le seul qui souriait
Même sous la neige éthérée

Comme un enfant
Dans ce ciel lagon
Le petit nuage blanc
S'amusait à saute-mouton

Chez le Peuple des nuages,
Les plus grands racontaient
Leurs plus beaux voyages.
Ce qui lui donna des idées

Ce petit Nuage Blanc
Rêvait sur son coton,
Si sage pourtant,
De vivre ses émotions

Quand le ciel était bleu
Tel un petit poisson dans l'eau
Il nageait tout heureux
Au sein des coraux

Il lui arrivait quelquefois
Pauvre Petit Nuage blanc
De pleurer comme les grands
Quand il était seul parfois

Lui d'un abord si calme
Pouvait en un seul instant
Criait sa colère
Et sa rage en orage

Un matin de Printemps,
Son baluchon sur le dos
Le petit Nuage Blanc
Parti vers d'autres horizons

CHEMIN INITIATIQUE :
Du noir et blanc à la couleur

Comme une plume, je flâne dans les allées.
Éperdue, je m'enfonce au cœur de l'obscurité.
Je suis une étoile d'ombre qui plonge dans cet encrier.
Cette voûte d'ébène cristallisée d'étoiles
Drape l'univers de son brun silence.
À L'Aube, j'émerge de cette immensité bleu nuit,
Un voile léger de brume brisa l'infini.
Lentement, je décide de fendre ce drap de mystères,
Si immaculé, comme un paysage en de pâles hivers.
À mon passage, quelques gouttes me firent frissonner
Éclaboussant ma peau d'une délicate pureté.
Très émue, je plonge dans un univers de couleurs.
Ce nuancier envoûtant m'emmène vers un ailleurs
Lumineux : splendide ivresse d'un instant précieux.
Un moment de grâce pour un présent harmonieux.
Devant mes yeux se déploie une toile si merveilleuse :
Un soleil d'or poudre ce ciel d'azur
Miroir transcendant où se reflète mon audace.
À présent, je foule une magnifique prairie verte.
Des myriades de fleurs mauves tapissent mon monde
Ma tête voyage dans une explosion d'aquarelles
Où quelques papillons y déploient leurs ailes.
Feux-follets espiègles et gracieux chassant tout nuage
Valsant ardemment en cadence avec les fleurs sauvages.
Je me sens légère, ivre et tellement vivante
Qu'en mon sein fusent mille rêveries ardentes.
Sur ce chemin spirituel, Dame Nature me semble belle
Mais oserais-je vivre une histoire couleur arc-en-ciel ?

LA LUNE ET MOI…

Couplet 1 :

Belle Lune aux reflets d'argent
Ô Mon Astre éblouissant
Tu illumines mes nuits brunes
Au ciel de mon destin
Tu troubles mes confessions

Couplet 2 :

Ma Blonde, ô ma Précieuse
Tes émois sont changeants
Ma Sélène Ensorceleuse
Nos conversations au feu ardent
Font de moi le plus noble de tes amants

Refrain :

Mais comme je suis fou de tes atours
Et ma tête fait les cent tours   oh oh oh
Qu'il m'étourdit ce carrousel
Où mon cœur tape de plus belle   oh oh oh
Je suis ton troubadour éternel

Couplet 3 :

Tant de lettres à la plume
Nos tête-à-tête à la brume
J'suis un Pierrot d'infortune
Sans un sou, sans une tune,
Blessé par tes états de runes

Couplet 4 :

Sous la splendeur étoilée
Sont délicieux nos moments
Avec toi j'aime converser
Je succombe à tes attraits
Et le ciel commence à danser

Refrain :

Mais comme je suis fou de tes atours
Et ma tête fait les cent tours   oh oh oh
Qu'il m'étourdit ce carrousel
Où mon cœur tape de plus belle   oh oh oh
Je suis ton troubadour éternel

Interlude : (Façon parler)

Moi je suis fou fou fou de toi
Tellement fou ma foi
Toi, tu me mets dans tous mes états…

Refrain :

Mais comme je suis fou de tes atours
Et ma tête fait les cent tours oh oh oh
Qu'il m'étourdit ce carrousel
Où mon cœur tape de plus belle   oh oh oh
Je suis ton troubadour éternel

NUE

Je suis nue
Intégralement nue

Je suis entièrement nue
Misérable
Sans armes
Tout en haillons

Je suis nue
Intégralement nue

Vêtue de guenilles
Mon âme en lambeaux
Dépouillée jusqu'aux os
In extenso…

Je suis nue
Intégralement nue

Nu total
Fauchée comme les blés
Surtout en amitié

Je suis nue
En déconvenue
Complètement méconnue

Je suis en hardes
Chair blafarde
En charpie
En débris

Loin des convenances
J'hurle ! J'hurle !
Charité ! Charité !
Je mendie ! Je mendie !
Le Bel Amour
Pour ma vie

J'implore vos présences
Vos bienveillances
Vos gentillesses

Je quête vos silences
Vos confidences
Vos tendresses

Je sollicite vos vérités
Vos vœux sincères
Votre humanité

Vous passez sans me voir
Sans vous arrêter
Je suis désargentée de vous tous…

Même avec un cœur

Même si j'ai un cœur
Même s'il bat
Vous me mentez
Vous me vendez
Vous me spoliez
Vous me ruinez
Vous me jetez aux Enfers
Vous me donnez aux enchères

Même si j'ai un cœur
Même s'il bat
Vous me crachez dessus
Vous me marchez dessus
Vous m'abaissez
Vous me rabaissez
Vous me poussez à la prostitution
Vous me bercez d'illusions

Même si j'ai une âme
Même si elle palpite
Vous me blâmez
Vous me condamnez
Vous me bousculez
Vous me renversez
Vous me délaissez
Vous me blessez

Même si je suis une femme
Même si je suis vêtue de chair
Vous me pointez du doigt
Vous êtes sans foi ni loi
Vos langues me malmènent

Vos langues me maltraitent
Vous enfantez des rumeurs
Vous êtes de beaux menteurs

Vos attitudes parlent tout bas
Et même si vous ne dîtes rien
Je sais ce que vous pensez de moi
Surtout faites pas semblant de m'aimer…

COMME LES CHEVALIERS D'ANTAN

Comme les Chevaliers d'antan
Qui cherchaient le Saint Graal
Je marchais si lentement
Dans ma forêt profonde

Incomplétude dans mon âme
J'implore toujours Dieu…

Pour trouver le bon état d'âme
D'hiver en été
Je galope sur mon destrier
À la recherche de ma lumière

Mon épée qui pique mon esprit
Mon âme et tout mon corps
Je m'agenouille ainsi
Pour que le Seigneur ouvre mes pores.

Jamais à ma place dans ce vaste monde
Je le crie chaque nuit à la lune
Pour que la divine Dame du Lac
S'empresse de me sortir de mes dunes

Ô Saint Graal ! Ô Saints des Saints !
Moi chevalier je veux conquérir
Quand je trouve la sérénité
Je bois la plénitude dans mon entièreté

Toutes les âmes des Chevaliers sont bénies
Incomplets ils ne le sont plus en eux
Arthur leur Roi s'unit à Dieu
Pour la recherche de la vérité nue

J'irai boire au calice
Moi aussi dans un état de fête
Et je connaîtrais la liesse
D'une âme qui est enfin toute nette

LA PLUME
Acrostiche universel

Armée de ses mots, la Plume
Belle et légère
Crisse sous le papier en
Défiant les âges.
Enluminant le verbe
Fragile et forte à la fois
Gracieuse par son geste, elle
Habille de son encre la page.
Irrésistibles passions se soulèvent,
Joies et peines se dessinent
Karessant le blanc des heures.
Libre et libérée de ses ardeurs
Merveilleuse est son âme.
Nuances graphiques
Ornant cette feuille blême.
Papier laisse-toi tenter
Que la plume enivrée
Riche de ses émois
Suinte le cinabre parfois.
Traces indélébiles écrites
Universalité du langage.
Vraiment, la Plume s'entête en
Wagons d'innombrables lettres
Xanthophylle au creux de son calamus
Yole aérienne vêtue de grâce
Zébrant à souhait toutes œuvres.

LE VENT

Refrain :
Le vent, le vent
S'éloigne de nos pas
Le vent, le vent,
S'éloigne tout le temps

Couplet 1 :
Le vent nous dira
Un secret d'espoir
Et nous guidera
Quelque part

Refrain :
Le vent, le vent
S'éloigne de nos pas
Le vent, le vent,
S'éloigne tout le temps

Couplet 2 :
Le vent nous guidera
Vers le Paradis
Et quand on y sera
Il nous y accompagnera

Refrain :
Le vent, le vent
S'éloigne de nos pas
Le vent, le vent,
S'éloigne tout le temps

Couplet 3 :

Le secret d'espoir
Et le Paradis
Nous donnerons de l'espoir
Pour toute notre vie

Sarah, Ingrid, Ludwig
1992-1994

Désolation de l'âme

Ce soir, le vent souffle.
Un mistral froid glace nos corps et pousse les nuages plus loin que l'horizon.

La nuit est d'ébène.
Au-dessus des toits de la ville, la Lune se fige, haute, dans le ciel.
À demi voilée, elle illumine ce manteau de suie.
De la lumière dans les Ténèbres.

Dans une rue déserte, la nuit s'installe lourdement. Et puis... le silence... Un silence léger s'adonne à la nuit.
Petit à petit, la vie s'efface.
Une promenade nocturne offre un peu de sérénité, de béatitude aux âmes pressées.

Soudain, un bruit sourd ébranle le calme. Le temps court à grandes enjambées. Une voie : sans issue...
Saura-t-il enfin stopper sa course ? Je le crains.
Tout est compté. Monsieur Temps court plus vite que les années et les saisons. Les heures s'égrènent rapidement. Personne ne les voit tourner.
Le temps file... se défile... et prend la fuite...

Enfin, la nuit s'étend sur l'horizon. Un miroir sombre s'étire devant moi. Je peux apercevoir légèrement le reflet de mon âme.
Stupeur !!!
Tristement dans ce miroir, je contemple sa désolation.
Il n'y a pas plus grand malaise que de mirer au fond d'une psyché la profondeur sinistre de son esprit.

ANAPHORES : J'AIME

J'aime les mondes merveilleux, où quelques Elfes et quelques fées s'unissent autour d'une table en pierre où bouillonne à gros bouillon une soupe magique dans un chaudron.

J'aime le silence, l'invisible sans paroles, qui apaise l'âme, et caresse les oreilles.

J'aime le chant des oiseaux, chorale harmonieuse d'une messe sacrée flattant les beautés de Dame Nature.

J'aime toucher le sable et plonger mes mains dans cette douceur : une caresse salée.

J'aime l'été et son bagage de bleu azur épousant le soleil resplendissant où la chaleur m'est un émoi brûlant.

J'aime les framboises, chaudes, sucrées, cueillies délicatement de leurs arbustes, comme un élixir de vie que l'on porte à la bouche.

J'aime plonger mes yeux dans la poésie, une immersion totale dans les abysses du verbe, une plongée délicate dans un océan de vers où je pêche en rimes les ritournelles.

J'aime le dictionnaire, malle aux trésors où je déniche avec allégresse des mots d'esprit qui deviennent des papillons de lettres voletant au creux de mes rêveries.

J'aime écouter le son de la mer, celui de la rivière, onde parfois calme ou tempétueuse, qui se retire ou se jette...

J'aime visiter les lieux historiques qui nous transportent de siècle en siècle dans les couloirs du temps dont se souviennent les photos en noir et blanc.

J'aime observer dans une gare, telle une spectatrice attentive : la vie mouvementée des humains où se mêlent rapidité, sablier qui s'écoule, émotions, troubles, joies ou peines. Les attitudes parlent mieux que les mots.

J'aime quand sur un quai de gare, un homme vêtu en trois-pièces ouvre son parapluie rouge et commence à danser au son des tchous-tchous. Un homme original dans ce monde pressé.

J'aime quand le feu crépite dans la cheminée, et lance ses flammes pour raconter une histoire.

J'aime Demoiselle Lune qui se balade de fil en fil : marionnettiste agile.
Funambule Céleste qui brille dans le ciel noir.
Elle se pavane dans le firmament pour narguer le soleil endormi.

J'aime l'eau, inodore, incolore, mais si précieuse comme un arôme délicieux.

J'aime quand la mer jette son eau sur le sable chaud et s'en va repartir vers les flots.

J'aime quand une statue de pierre prend la pause pour moi et me prend la main pour visiter son chez-soi.

Mes lumières

Mes lumières sont comme des petits feux-follets qui passent à la va-vite sans stopper leurs courses folles.

Légères, fragiles, familières, les ailes brisées telles des fées peu étincelantes à la cuirasse cassée et souillée par les Ténèbres.

Furtives, cavalières, effrontées contre les Abymes de mon âme, elles n'osent se dénicher un lit pour y fabriquer leurs nids.

Mes Ombres tenaces voilent avec opiniâtreté le peu de bougies qui restent éveillées.

Elles chassent à petit feu mes tourments : une étincelle délicate dans la grisaille quotidienne.

Elles laissent des bribes d'espoir infiniment fugaces ; artifice agile dans un ciel sans gaieté, une issue courte dans le Labyrinthe de mes pensées.

Il me faut cultiver ces étoiles, même fugaces, pour y retrouver détente et harmonie.

Et dire que l'on s'en va, que l'on quitte les lieux tel un locataire éphémère pour si peu d'années.

Quand on pense à la complexité de Dame Nature, à l'immensité de l'Univers, je préférerais y vivre toujours.

À l'horizon y voir constamment la lumière de l'Aube dans un ciel azuré que d'être cadenassée dans un trou marécageux.

Flâner à mon gré, m'enivrer, me saouler et découvrir à foison de nouveaux horizons à chaque halte.

J'aime les plaisirs, j'aime les surprises qui emplissent mes yeux d'une joie frétillante j'aime boire la vie jusqu'à la lie.

Pourquoi quitter cette Terre quand toutes choses y sont, de petites réjouissantes offertes gratuitement en guise d'apéro par le Dieu Créateur.

À quoi bon se faufiler dans un tunnel le jour de notre mort pour y apercevoir la lumière, et voir d'en haut tout ce que nous apprécions autrefois.

La Nature est un temple sacré où je voudrais y séjourner au-delà de ma vie.
La mort nous retire tous plaisirs, toutes sensations d'éveils qui font éclore les yeux et battre chamade mon cœur.

Laissez-moi mourir vivante et me promener encore dans les allées verdoyantes des bosquets, des forêts enchanteresses.
Je préfère de loin la Brume d'Automne à celle du sommeil éternel.
Je veux devenir immortelle sur Terre, quitter la Nature me manquerait tant.

J'aime les menus plaisirs de jouissance où je puise découvertes et merveilles. J'aime parcourir insouciante une prairie, une paille dans la bouche, y sentir les odeurs multiples d'herbe et de fleurs parfumées ; manger des fruits gorgés des rayons du soleil, plonger ma main dans le sable…

J'aime vibrer de passions, j'aime jouir intensément de l'existence avec indolence, m'évader au creux d'une forêt qui enchante avec ses bruits si familiers et son odeur boisée.
Écouter et réécouter le bruit de l'eau, du ruisseau à la mer : un langage émouvant et puissant qui apaise tant de tourments.

Dans la Nature, je me sens comme dans une Église, un temple sacré où l'énergie de l'espace naturel est décuplée, où l'harmonie joue avec le silence le plus précieux.

Je quitterais cette vie de labeur rien que pour profiter à fond de toutes les merveilles dont l'œil peut estimer la beauté d'un tel ouvrage.

La Lumière pour moi c'est une sensation de zen attitude, avec le concours amical des éléments naturels qui nous entourent, une position de lotus dans un monde pétri de bonté.

L'IVRESSE DE LA NUIT

Marcher sans trop savoir où l'on va c'est peut-être mieux.
Pour se soustraire au temps…
Marcher… Marcher inexorablement. Et déambuler avec la lune.
Marcher la nuit pour s'oublier et oublier le bruit incessant.

Marcher seule pour s'isoler des autres, marcher tout simplement…

Se faufiler dans les rues, être une ombre légère.
Filer à l'abri des regards et se sentir vivante.
Confronter ces pas aux silences de la nuit.
Être en liesse pour se fondre dans l'épaisseur de la noirceur la plus silencieuse et signaler au monde sa juste présence.

Marcher au gré de ses pas en s'enfonçant dans la brume, se délecter de la fraîcheur pour un instant de bienveillance.
Seule : le monde entier s'ouvre à moi et je me sens maître de cet instant précieux où même le temps semble enfin arrêter sa course et le bruit s'éteindre totalement.

Pour ce plaisir d'insouciance, j'ose cette sortie nocturne où la liberté d'aller et venir et presque un caprice tant la facilité en est superbe, car rien ne m'oppresse, rien ne me vide, mais tout m'apaise.

Calfeutrée dans ma bulle, soudain l'acte de déambuler au gré de mon envie devient plus fort puisqu'il me semble planer au creux de l'air et tout mon corps en légèreté se fond dans les éléments et je sens que la joie revient un peu plus en moi et à chaque fois.

Ce qui compte c'est d'être à soi, être en soi, et vivre intensément…

Dans la chair de l'Homme

Je me demande ce qu'il y au cœur de la chair et dans la chair de l'Homme. S'il est vraiment capable de sensibilité. D'un soupçon d'Humanité...

À dire vrai, dans ce monde, je me sens comme une biche aux abois et habituellement la cible des indélicats et de la sainte cruauté qui pour moi est souvent comme un viol sans scrupules où tout le monde s'assoit sur les principes de respect. Et mon autisme, ce syndrome qui bouscule les autres, n'arrange rien. Il est souvent le bouton pour actionner cet irrespect et ma féminité un tremplin pour cela.

Si on me manque de respect et que l'on se moque de moi, j'en suis arrivée à me conforter dans l'idée que je n'inspire aucunement le respect et que j'ai la gueule de l'emploi.
Cette situation, je l'ai vue tellement de fois même dans les yeux de mes proches.
J'avoue avoir surmonté tellement d'épreuves, et souvent sans aucun regard de compassion de certains, mais beaucoup de jugements.

Si je devais me dépeindre et me raconter au plus près j'affirmerais qu'avant tout je suis et reste une grande rêveuse pétrie toujours de bons sentiments sans manquer de réalisme.
Je crois par-dessus tout à la gentillesse et à la tendresse et à l'amour que je porte aux nues. Bien plus loin que les confins de l'Univers. La douceur est mon Royaume. Je crois tellement à la possibilité du bon que cela peut en paraître naïf, mais depuis toujours, je crois que si la Nature nous en a dotés c'est pour en faire bon usage.

Je vis seule depuis longtemps, c'est pour toutes ces raisons, car Autrui me surprend toujours par son comportement cruel et souvent offert sans raison.

Je crois en la bonté et aux grandes œuvres faites avec le cœur qui renversent le mal, je crois en ces armées d'hommes et de femmes prêts à dégainer de la fantaisie plus que le reste (sans se mentir bien évidemment).

Le Monde se malmène tout seul, préférant agrandir les ombres.

Je ne croyais pas, enfant, au mal, et ce n'est pas par ignorance, je pensais que la créature humaine avait au fond de lui un coffre à aimer et à servir la bonté plus que tout, car quel est de plus grand bonheur que de ressentir l'ardeur d'un sentiment aussi puissant que l'Amour. La Bonté est le lieu sacré de tout acte désintéressé.

De tout temps, je suis ainsi et je vois le monde avec de « la magie », mais la cruauté est un châtiment suprême quand sur une si petite nature, peu enclin au mal, la férocité fait son nid. Les complexités de l'Homme, malgré l'âge, sont son effroi.
Puiser au fond de l'Autre le meilleur, sa substance la plus précieuse, semble en disparition, mais n'était-ce pas cela qui fait retentir son éclatante raison la plus intelligente et la plus douée en matière d'humanité ?
J'aime que l'innocence du beau me traverse…

Sur cette Terre, si grande et si petite au fond, chacun s'adonne à ses ombres sans retenue et si chacun savait que cet acte salit ou pourrit mon âme d'une maladie incurable le poison de la tristesse d'avoir contemplé trop tôt la crasse de chacun justement.
Au fond de moi, coule un torrent de larmes, prêt à déborder parfois, que le temps ne tarit pas.

Je crois profondément en l'Amitié, l'Amitié la vraie, celle qui impose respect et non-jugements, mais là encore suis-je assez naïve pour y croire…

Si je ne me confie pas, c'est pour tout cela. Je ne me raconte pas, car ma vie ne mérite pas d'être en première ligne. J'aime que l'on me découvre et me cueille avec sincérité et intérêts sur le moment présent. Cependant quand j'ose me confier, j'attends une attention toute particulière avec un absolu respect, avec un intérêt profond et que personne n'ose en parler derrière mon dos.

Effectivement, je préfère être seule que mal accompagnée.

J'aime avoir des papillons dans l'âme.

Mon vrai luxe est d'aimer le beau et d'en jouir sans retenue.

DÉCOUSU EST LE MONDE

Pourquoi fait-on du bruit ?

Peut-on respecter le silence de la Nature ?
Peut-on respecter le silence d'Autrui ?
Et arrêter de divulguer des pensées malsaines au cœur de ce silence ? ...

Est-ce que tout vous est permis ?
Et le repos de la Nature, y avez-vous pensé ? Quel brouhaha incessant !!!

Que savez-vous d'Autrui pour vous imaginer ses pensées ?
Pour juger une seule de ses libertés ou une seule de ses décisions ?
Êtes-vous à sa place ?
Avez-vous juste un peu de classe pour enfin vous taire ?

Pensez-vous que parler des Autres est un passe-temps sans limite ?

Peut-on être élégant face aux Autres ?

Si les pensées ont un effet papillon, pensez à toutes celles que vous envoyez et qui peinent la Nature et ses éléments, car ce n'est pas que l'Humain que vous touchez, mais l'équilibre naturel de la Terre...

Peut-être vous ennuyez-vous trop souvent pour cataloguer les Autres ?

Il y a une mode sur Terre « refaire le portrait d'Autrui » sans imaginer les conséquences.

Mais avez-vous pensé un seul instant à l'harmonie que vous brisez quand vous élevez une seule de vos critiques alors que dans la Nature tout est harmonie et harmonieux, même ses colères restent plus silencieuses.

Croyez-vous que les animaux se jugent les uns les autres, croyez-vous que les êtres végétaux se jugent aussi et se lancent à la gueule un seul de nos mépris ?

À quoi bon un cerveau pour s'en servir si peu...
La Nature se respecte, les Hommes non...

Pourriez-vous penser, s'il vous plaît, à la stabilité de la Terre ?
La Planète doit trouver triste notre cohabitation.

J'ai cette nette impression que l'Humain aime à blesser les Autres, car cela lui donne un peu de consistance.

Il n'y a pas que l'Amour qui sauve, mais le plus essentiel est le respect tout d'abord de la Nature à qui nous devons tout et à qui nous devons impérativement dérouler un tapis, chaque jour, d'une estime exemplaire, car Dame Nature nous le déroule avec une intense considération et sans Elle que serions-nous ?

Vous pensez que tout nous est dû ?
Sommes-nous si capricieux pour fouler cette Terre sans vergogne ?

Respecter la Nature devrait-être notre tâche principale, car c'est la Nature qui nous loge gratuitement, nous devrions penser qu'à son bien-être, à ses besoins et surtout à ses silences...

Car si nous oublions de respecter la Terre, comment se respecter nous-mêmes.

Si nous nous adonnions à cette tâche avec ferveur, croyez-moi nos considérations personnelles et nos jugements n'auraient plus place.

Ensuite, il est essentiel d'avoir du respect pour soi et de garder une authenticité sans failles.

Et il vient après un rôle primordial celui de respecter l'Autre avec humanité, car si Dieu nous a fait c'est pour déployer de nos âmes l'ardeur de la quintessence du Bien.

Nous devons nous rabaisser devant la Nature et le ciel pour, avec une politesse et une petitesse sans nom, servir son éloquence et nous oublier pour ouvrir nos ailes en guise de protection.

Cet acte devrait être naturel, car ce qui compte c'est rendre grâce à la vie et à ses bienfaits.

Croyez-moi, vos petites considérations inhumaines ne sont rien à côté de cette humble ardeur.

Nous ne sommes pas tous seuls sur Terre et tous les Êtres vivants ont le droit au respect et au silence le plus profond.

Encore une soirée…

I) Encore une soirée… Seule…
Oui, encore une. Une de trop…
Encore une soirée où mes murs sont mes seuls confidents.
Tous blancs comme une page d'insomnie.
Encore une soirée seule dans le blême de mes yeux où mon regard ne croise que le mien. Où par habitude mes larmes coulent à flots…
Dans ce désert des Autres, mon sourire se fracasse et mes lèvres se scellent.
Un cadenas enchaîné sur le rebord de ma bouche.
Personne à qui se confier. Aucune épaule sur qui se reposer…
Juste une solitude poignante.

Encore une soirée… Une soirée qui aurait pu être belle.
C'est bien là le drame une vie sans saveur ; une vie figée sans espoir.
La solitude s'est installée et même sans raison.
Il n'y a pas de grimoires qui vous offrent un peu de folie, il n'y a pas de magicien assez courageux pour embellir ma vie.
Il n'y a pas de boissons assez fortes pour m'enivrer.
Il n'y a pas de jeux de regard pour veiller tard près de l'âtre.
Il y a juste « la solitude » et moi…
Il n'y a pas le souffle de l'autre, il n'y a que le silence indécent des absents.
Et par contre il y a la douleur dans ma gorge, la même qu'il y a 20 ans quand s'écrivaient « mes heures mortes aux accents monotones ».
Il y a « une mise à nue » encore plus présente…
Mes mots, dans cette étendue sauvage, me désarçonnent et toutes ces discrétions me renversent et me brisent.

II) Encore une soirée… Seule…
De nouveau, une, qui s'installe sans gêne dans le décor de ma vie. Qui s'immisce dans les interstices de mon existence avec pour obsession de tromper ce vide coûte que coûte même si les Autres m'oublient.
Je m'invente des rendez-vous avec le souvenir de mes absents et des valses avec mon grand-père.
Une soirée en berne où je comprends que la vie sépare plus qu'elle ne lie.
Des nouvelles, des nouvelles, non aucune !
Attendre seulement un mot, un petit rien. Un tout petit rien.
Silence radio, soutiens zéros…
Encore une soirée… Seule…

III) Encore une soirée… Si seule…
Encore une que je ne compte plus.
Si les personnages de mes séries comblent le vide, ils ne sont que dans la boîte à images, mais ils ont le privilège de me changer les idées. Et cela n'a pas de prix si j'ai réussi à sourire au moins une fois dans la journée.

J'ai toujours cru en la valeur humaine et à la force des émotions. Mais grandir m'a appris une chose c'est que ma solitude est liée à l'indomptable nature humaine : l'inconstance.
Je n'aime pas les gens qui ne font que passer.
S'arrêter : c'est s'investir, prendre le temps, être à l'Autre, être présent…
La seule présence actuelle est cette solitude qui peuple l'endroit.

IV) Encore une soirée… une soirée de plus…
Le tonnerre déchire ces minutes vespérales aphones. Il pleut sur les vitres.

Un brouillard habite mes yeux. Des vagues de larmes se jettent sur mes joues.
J'écume ma solitude et je pleure à chaudes larmes.
C'est un épanchement sauvage qui vide entièrement mon âme.
Ma peine est muette. Un torrent inassouvi s'égoutte de mes iris.
Guère envie de falsifier la vérité, la vie ne m'a pas fait de cadeau, elle a même été cruelle.
De ces cruautés qui blessent l'âme et quand on est blessé on devient un animal aux abois avec une cicatrice qui n'en finit pas d'essayer de guérir.
Je suis attristée que l'on me fuie pour de mauvaises raisons.
Je suis fatiguée d'égoutter, si je le peux, la richesse de mes heures perdues…

Je suis lasse de m'épancher pour rien, de distiller mes veines à travers les nervures des lignes du papier en sachant que personne ne prendra en compte la teneur de mon message.
J'écris parce que c'était le seul moyen de m'exprimer, parce que je ne savais pas crier, parce que je n'avais pour seul confident le blanc papier.

Mon sourire était ma fierté, regardez ce que vous en avez tous fait !

Ce qui me peine le plus c'est que je sais quelle âme j'étais.
Ma bonté était sans égale, j'avais ce quelque chose de magique dans le regard qui aurait pu allumer un grand feu en chacun de vous.
Mais pour ça il faut lire vraiment au lieu de s'empresser de blâmer sans connaître.

Je n'ai pas le privilège des mots, je me suis instruite et cultivée pour pouvoir parler. Rien n'est inné…

J'aime les profondeurs, j'aime les dimensions des âmes. Je les aime quand elles sont sincères.
J'aime les océans des richesses qui s'offrent à moi quand je rencontre les Autres.
Mais qui a vraiment osé se montrer tel qu'il est ?

Alors, ne m'en veuillez pas si je retourne me cacher, si je quémande votre présence, mais qu'elle m'est insupportable, car je sais quand chacun de vous gronde un monstre prêt à sortir et à désembellir ma vie.

J'aime trop la beauté pour me soucier de vos états d'âme. J'aime trop la plénitude de l'instant pour me soucier des guerres sans raison. J'aime trop le bonheur des autres pour qu'aucun d'entre vous ne puisse même avec un seul mot en détruire son essence.
Tout n'est pas permis…
Car mon âme est offensée quand j'aperçois les coups bas et les blessures infligées.
Je suis seule parce que les Autres ne me correspondent pas, parce que la paix de chacun est moins primordiale que toutes les petites histoires du monde. Et que je ne suis heureuse que quand les Autres le sont.

Mon réel bonheur est de vibrer à l'assaut du charme de la vie et de la bienveillance de celle-ci. Je ne vis que pour ça.
Car je crois que chacun est là pour apporter, dans le cœur de l'Autre, une toute petite embellie même la plus minime…
Je sais aussi que dans les moments les plus difficiles une seule empathie peut chambouler une âme et attendrir son existence.
Je ne m'embarrasse jamais de la cruauté, elle n'est pour moi qu'une vilaine sorcière.
Je me lasse de ceux qui me fuient sans me connaître parce qu'une seule rumeur a tenté plus qu'être avec moi.

Je mérite d'exister alors ayez au moins le mérite de me rencontrer.
On n'a pas tout sans peine...

Avec l'Autre, c'est pareil, il faut sortir de sa cage, de ses préjugés et de ses premières sensations pour s'apprivoiser.

Oui peut-être que je suis seule, mais je préfère être seule que d'affronter des faussaires, des langues bien pendues, des non concernés, des faiseurs de rêves, de grands parleurs, des âmes malveillantes.
Il faut de tout pour faire un monde, tu parles d'une excuse...

Je veux bien perdre mon sourire, mais que ce soit au moins pour quelque chose.

Dieu sait que la Nature Humaine aime la guerre, est-ce pour cela que je me crois toujours en guerre avec les Autres ?
Pourquoi est-ce si compliqué d'entretenir des relations saines, sans débordements, sans complexités ?
À croire parfois que je suis la seule à vouloir la paix...

Dame Nature, elle ne m'offense jamais, elle accepte ma présence dans ses éléments.
Jamais elle n'a pour moi un mot plus haut que l'autre. Et je la vénère pour tout cela.

Je n'ai pas non plus voulu être jetée dans la gueule des loups et des serpents.

Ma vie était simple avant vous je vivais en rêvant seulement. Je sillonnais les recoins cachés de mon âme et m'offrait des joies infinies.

Voudriez-vous être dérangée en plein rêve ou en pleine méditation ?
Je pensais que la vie était sans encombre de la part de l'Autre, je pensais que tout le monde voulait être accepté et qu'être respecté et aimé était notre plus grand bien sur Terre.
Je le pense encore, mais j'ai ouvert les yeux...

La vie n'est pas « équilibre ».

Ma solitude est le résultat de tous ces sots qui m'ont jetée en pâture à d'autres pour mieux exprimer leur vide.

Combien de fois dans mes soirées de tristesse je me dis : « j'étais là. » « Tu ne m'as pas vu, je n'étais pas assez bien pour toi... »
Et c'est pourtant vous qui venez vous confier pour m'avouer que vous n'avez personne à qui parler. Pourtant : je suis là.
C'est fou comme parfois je reste invisible à vos yeux.

Qu'il est triste le temps qui passe quand personne ne vous consacre le sien.

Je me lamente en priant Jésus de ne pas m'oublier.

Je ne cherchais pas la solitude dans ma vie, mais être accompagné des Autres.
C'était mon rêve absolu.
Et en mon fond intérieur, je désire être aimée. Je ne demande rien d'autre dans la vie.

Je crois sincèrement que si chacun apprend à connaître chacun il sera surpris...

J'AURAIS VOULU

J'aurais voulu qu'on se bouge aussi fortement que moi quand je me bats pour une cause juste surtout quand celle-ci me concerne.

J'aurais voulu être le seul choix d'amour que de voir dans les yeux des Autres le doute, l'indifférence ou même le manque de confiance.

J'aurais voulu que les serments ne soient pas qu'écrits, mais qu'ils soient encore plus forts que les mots.

J'aurais voulu recevoir plus de douceur et de tendresse que des coups durs dans la vie qui ont fini par forger mon caractère.

J'aurais voulu un peu plus d'empathie quand j'avoue quelque chose qui n'est que vérité.

J'aurais voulu que personne ne m'envie, ne me jalouse, ne me crache dessus sans aucune raison alors que je n'étale jamais ma vie intime et privée.

J'aurais voulu qu'on me défende plus contre mes ennemis que de laisser courir comme si cela n'était pas important.

J'aurai voulu plus de courage, plus de résistance, plus de soutiens quand j'appelais au secours.

J'aurais voulu entendre plus souvent des mots de réconfort des vrais plutôt de ceux qui élèvent ma petitesse et que je me sente bien dans les baskets.

J'aurais voulu de vrais amis de ceux qui ne jugent point et de ceux qui veillent aussi mes nuits de ténèbres.

J'aurais voulu éviter d'entendre l'adage que l'avenir de l'Homme est la femme, ce n'est pas parce qu'elle porte le monde qu'elle n'est pas une langue de vipère qui met au monde sa même image.

J'aurais voulu voir moins d'hypocrites taper à ma porte pour m'apporter de fausses nouvelles et s'essuyer les pieds sur le seuil de mon âme.

J'aurais voulu que l'on n'abuse pas de ma gentillesse comme si elle n'était qu'une faiblesse ou qu'elle vous semblait acquise.

J'aurais voulu que l'on ne s'autorise pas à me blesser. Que mon âme ne soit pas un sanctuaire où chacun dépose les armes ou leurs chaussures à l'entrée.

J'aurais voulu ne pas supporter vos silences, vos secrets, vos mensonges d'adultes, vos irrespectueuses vérités j'aurais pris le parti de vous les cacher pour ne pas vous encombrer.

J'aurais voulu ne pas encaisser de menaces, d'actes tordus, de médisances et de manipulations en tous genres.

J'aurais voulu que vous preniez vos responsabilités plutôt que de m'obliger à m'asseoir sur un divan.

J'aurais préféré fêter des victoires plutôt que des défaites que certains ont concoctées pour mieux me voler mes moments.

Pour certains me faire pleurer fut un acte gratuit qui les poussa à être tout puissant.
Si ma présence vous est infecte, passez votre chemin !!!

Pas la peine de détruire mon équilibre parce que votre propre équilibre passe par l'anéantissement de l'Autre.
Pas la peine de faire croire que vous êtes des gens bien quand vos intentions sont pires que celles des démons.
Je sais comme je dérange. Je sais aussi qu'on aime parler derrière mon dos, surtout quand je suis absente…

Sachez que je me fous des adages, des expressions toutes faites, des leçons de morale, des sermons, des classes sociales, des conditionnements, des pensées limitantes, de la bien pensante, d'être bien éduquée.
Je me moque de vos idées calculées et préfabriquées.
Est-ce le prix à payer pour être non normée ???

Je n'ai pas grand-chose à dire si ce n'est que je préfère être sur la réserve que d'être aimée dans ses conditions.

Aussi je me demande ce que vous apporte d'agir ainsi comme des comédiens sur une scène de théâtre. Est-ce que la vie est à ce prix, jouer la mascarade ?

Sachez encore que vous coups bas laissent des traces indélébiles comme des coups de poignard dans l'âme, comme des éclats de verre dans mon corps.
Des obus de « je ne suis pas si importante que ça… bien que »

Mes larmes ne vous suffisent pas pour comprendre que je suis aux abois…

Je l'avoue que j'aurais voulu à tout prix (et parce que la vie est plus belle ainsi) être aimée comme je suis sans vos retouches et loin des serpents qui sifflent.

J'aurais voulu une vie plus facile sans encombre, sans cendres avoir pour seul but mes enfants et leurs amours qui swinguent dans des sourires et éclats de rire.

J'aurais voulu rester en été loin des feuillages mordorés qui s'éteignent en hiver.

J'aurais voulu garder intact l'enfant en moi qui avait un tél éclat.

J'aurais voulu vivre dans la lumière que pleurer à chaudes larmes ma vie qui s'en va, qui se fracasse, qui se fane...

J'aurais voulu du grand, du beau, des actes sincères, des amis prêts à tout pour moi.

J'aurais voulu des baisers, des bisous, des mains voluptueuses sur mon corps, des tonnes de câlins plutôt que des blessures qui ne cicatrisent jamais.

J'aurais voulu sourire à gorge déployée, car rire aux éclats est ce que je préfère plutôt que de voir mon sourire s'estomper surtout au cœur de mes printemps...

J'aurais voulu que Jésus soit moins absent, qu'il ne me fasse pas tendre mon autre joue alors qu'il savait que je ne m'en remettrais pas, ah ça non plus jamais...

J'aurais voulu que mon jardin secret ne soit pas vandalisé, mais nourri par vos encouragements avec un total respect.

J'aurais voulu des bouquets de fleurs, des Post-its sur le frigo, des lettres d'une amie qui n'a jamais daigné être là, des pique-niques sur la plage, des couchers de soleil en pagaille et des horizons où les fleurs ne baissent jamais la tête.

J'aurais voulu être une femme fatale dans le regard de ce quelqu'un qui n'aurait pas peur de s'engager et qui saurait me garder pour toute sa vie.

J'aurais voulu être l'héroïne, la seule de son existence et qu'il m'emmène danser dans le manège de sa vie même si tout n'est pas rose.
J'aurais voulu que ses yeux ne soient que les seuls vitraux qui me regardent en toutes saisons, et que par son silence, ses yeux ne soient les seuls qui embellissent mon existence.

Voyez-vous j'aime les choses simples c'est ce que je souhaite uniquement dans ma vie. En quoi mes intentions nuisent-elles à vos libertés ?

Quand je rentre dans l'intérieur d'une maison je ne vais pas tout casser, c'est idem pour mon cœur je ne vous ai pas donné l'autorisation de le briser, ça non !

J'aurais voulu savoir mettre de la distance avec tout ça, mais ma politique est de ne pas jouer avec les émotions des Autres, ce que certains n'ont pas su faire à mon égard.

J'aurais préféré que vous compreniez tout seul que tout n'est pas permis.

J'aurais voulu une vie plus calme, loin des tourments, surtout des vôtres que vous ne soignez jamais.

En conclusion, il aurait fallu que vous sachiez que l'Autre existe même en ma personne...

L'HIVER

Moi je suis née en Automne.

Tandis que la météo s'attriste et compose à l'archer la symphonie du vent ; elles, les feuilles à la robe mordorée s'élancent, tout en délicatesse dans le ciel pour s'inventer des valses à l'unisson du vent.
Puis elles retombent avec une infinie tendresse pour se déposer sur le sol.
Elles se déroulent en tapis pour honorer sa Terre chérie et épouser les tissus organiques.

Et puis l'Hiver fait son entrée. Mon humeur change.

Les arbres se dénudent, laissant tomber leurs belles parures ; le froid s'installe et tandis que tout semble inanimé les Fées de l'Hiver préparent les fêtes.
Elles lancent un sort au ciel qui devient tout blanc, elles fabriquent des brumes : ce sont des rideaux de voile d'eau qui suspendus dans l'air habillent l'horizon.

Puis Décembre pointe son nez.

Les Petites Magiciennes comme des feux-follets agitent leur bras, et dans un abracadabra, arrosent mon monde de neige scintillante.
Des petites étoiles glacées qu'on appelle des flocons s'amusent et tombent à recouvrir avec enchantement les branches ; et tout comme les feuilles se rabaissent à honorer et à aimer la Terre en s'inclinant jusqu'à son parterre.

J'aime ce manteau blanc qui m'inspire de la légèreté.
La danse des flocons m'émerveille.

Voilà l'enchantement !!!

Dans mon manteau en laine, j'admire infiniment les décors poudrés, la caresse d'un flocon qui laisse sur ma peau la fraîcheur d'un sort de Noël.

Je passe devant un bonhomme de neige, il m'est familier, je peux l'appeler par son prénom…

Si je grelotte trop je rejoins ma cheminée où le craquement du bois m'est une douce mélodie et où le feu flamboie avec ses flammes alléchantes…

Et puis Noël m'invite à découvrir ses émois…

Le feu est plus vivace et m'emporte dans un monde d'images imaginaires qui m'accueille dans un voyage fantastique…

AVANCER SANS ME RETOURNER

Il fut un été, il fut une nuit...

Il fut ma vie, celle d'autrefois, celle que je tais parfois.
Aussi, je crois avoir changé.
Au fond de moi, je sens la douceur d'un sourire que je m'attribue enfin, un ciel qui s'ouvre vers la Lumière...

Quelque chose d'inédit...

Le silence me surprend parfois et je vais à ma rencontre.

Une rencontre unique vers l'envie et la vie.

Drôle de constat, attendre et lutter toutes ces années pour arriver à présent à toucher le soleil.

Si sa lumière jaillit en moi, je rêve qu'elle ne se tarisse pas, toujours vivante et éclaboussante comme un rai en plein été.

Si la pénombre s'octroie des moments de liberté, ce n'est qu'une apparence, car l'envie d'être vivante est plus forte que tout.

L'envie de faire tomber les étoiles à mes pieds, de renverser le monde et d'avancer sans me retourner.

Table des matières

De profundis !!! De profundis !!! 10
Heurte-moi..12
Mes enchantements 14
Nostalgies d'automne 16
Au jardin des Délices...18
Billet à demi dévoilé..20
Illusion d'un écho 21
Tous les fous de vers… 22
Saveurs d'automne 23
Delirium tremens..26
La courtisane de vos lèvres…..27
La défunte orpheline...29
Un petit coin… 30
Destination les alizés… 31
Sur une page blanche...33
Loin des villes tentaculaires… 34
Dans un ballet de feuilles… 36
Cœur de papier 38
Mes passagères… 39
Depuis la nuit des temps… 40
Foutez-moi la paix… 41
À Monsieur Hugo… 42
Le printemps...43
Survoler les brumes 47

La boîte à idées	48
À la dérobée	49
Déambulent nos vies	51
Sur le fil de l'imaginaire	53
Un abécédaire philosophique	55
L'inconnue des stèles	56
Envolée d'une petite Elfe	58
En croisière à travers tes mots	60
Françoise Hardy	61
L'art d'aimer	62
La légende de la mer	63
Toutes voiles dehors	64
Les constellations	65
Tristesse à Paris	66
Sur le quai de mes brumes…	69
Voleuse de baisers	71
J'veux de la tempête…	73
Je vous emmerde	77
Aux souffles de nos lettres	80
Quel doux vacarme !	82
Les toits sont gris…	84
Tous ces tableaux colorés	86
Sur son houppier est mon bonheur	87
Le rêve du petit nuage blanc	88
Chemin initiatique :	90
La lune et moi…	91
Même avec un cœur	95

Comme les chevaliers d'antan 97
La plume 99
Le vent 100
Désolation de l'âme 104
Anaphores : j'aime 105
Mes lumières 107
L'ivresse de la nuit 110
Dans la chair de l'homme 111
Décousu est le monde 114
Encore une soirée… 117
J'aurais voulu 123
L'hiver 128
Avancer sans me retourner 130